Im Garten der Seele

alternatives Lyrikjahrbuch

2o22 – 2o23

sonne &mond

Hrsg: Manfred Stangl

www.sonneundmond.at

sonne&mond

Im Garten der Seele
alternatives Lyrikjahrbuch
2o22 – 2o23
Hrsg: Manfred Stangl

Impressum:

editon sonne und mond
Wien, 2o23
ISBN: 978-3-9505097-9-3
www.sonneundmond.at
www.pappelblatt.com

Herausgeber: Manfred Stangl
Coverbild: Blumengarten am Abend, Eva Meloun
Lektorat: Manfred Stangl
Satz: Mathias Hentz
Druck: bookpress.eu

Gefördert durch Kultur Wien, Bundeskanzleramt

Krieg führt der Witz auf ewig mit dem Schönen,
Er glaubt nicht an den Engel und den Gott,
Dem Herzen will er seine Schätze rauben,
Den Wahn bekriegt er und verletzt den Glauben.

Reicht dir die Dichtkunst ihre Götterrechte,
Schwingt sich mit dir den ewgen Sternen zu,
Mit einer Glorie hat sie dich umgeben,
Dich schuf das Herz, du wirst unsterblich leben.

Friedrich Schiller

Vorgarten

Viele Gärten hält die Seele bereit. Sie ist das Ideal der Gärten – manche noch schattenhaft verschwommen, liegen sie unter dem Jännereis. Unterirdisch sammeln die Zwiebeln Kraft, erholen sich die Wurzel der Bäume. Andere der Gärten sind schwarz. Ist das ein Trauergarten? Vielleicht nicht; vielleicht ein innerlich blühender Weingarten, geschützt mit Lavasteinmauern vor dem Austrocknen und dem zu jähen Wind. Zartes Frühlingsgelb dann, erste Knospen springen auf, recken sich mit den Blättern gemeinsam gegen die Sonne; doch man soll den Mond nicht verachten. Er bescheint mild alle Gärten; die Aufgewühltheit des Tages kommt zur Ruhe – in der Besinnung, in der Meditation. Und gerade die Kraft des Weiblichen nährt sich aus ihm. Bzw. aus ihr: der Mondin.

Was meint eigentlich Seele? Haben wir uns in der modernen Welt nicht gewöhnt, ohne diesen romantischen Begriff auszukommen? Überflüssig scheint er allemal. Erinnert er doch an Werte wie Vertrauen, Geborgenheit, auch Mitgefühl, Verantwortung, Güte. Begriffe, die eine auf Konkurrenz und Fortschritt ausgerichtete Zeit eher störend empfindet. Gerade deshalb trägt auch das vorliegende dritte alternative Lyrikjahrbuch dieses Wort im Titel.

Zumal Literatur, welche die unzerbrechliche Verbundenheit mit unserer Mutter, der Erde, beschwört, schnell als naiv, esoterisch, gar wissenschaftsfeindlich apostrophiert wird. Dies behaupten Menschen, die sich für Literatur- und Kunstkenner halten; dabei sind sie höchstens Ideologen, die den Verweis auf die Zerstörung unsres Planeten und dessen Reduzierung auf eine Ressource, gleich als aggressiven Akt gegenüber den modernen Zeiten auffassen. Die Immunisierung geht dann so weit, dass als Wissenschaftsfeind gilt, der Albert Einsteins Motto folgend, nicht daran glaubt, dass die immer selben Fehler zu einem anderen Ergebnis führen. Ein Feind ist übrigens jemand, den es zu bekämpfen gilt, zu besiegen und vernichten (er ist ja böse). Den Wahnsinn der Wissenschaften, zu glauben, sie hätten das Zeug zur neuen Religion, weil sie die Erde smarter und effizienter auszuplündern verhelfen, teilen die heutigen sogenannten modernen und postmodernen LiteratInnen und KünstlerInnen. Sie helfen – hochmoralisierend – mit, die Welt zu zerstören. Das Attribut „alternativ" steht im Buchtitel dafür, dass die versammelte Lyrik sich nicht an den Stilprinzipien der Modernen orientiert. Also weder destruktiv, nur flüchtig provisorisch, negativkitschig, provokant oder welt- und sprachzerreißend daherkommt. Wie gesagt: diese Prinzipien der Modernen-Kunst, die A.W. Schlegel schon vor über 2oo Jahren beklagte, helfen die Welt von einem Garten in einen Schuttplatz voll Plastik und (Sprach-)Müll zu verwandeln.

Allerdings hat jeder Garten auch ein Türchen zumindest, grün bemalt oder naturbelassen, durch das jedermann eintreten mag, zur Stille kommt, das Hamsterrad des Denkens unterbricht, zu den Bäumen hochblickt, und sich vor einer Blume hinkniet. Dann weiß man, ein Mensch ohne Garten – oder wenigstens einem Blumentopf am Fensterbrett – ist nur ein halber Mensch. Denn unsere seelenlose Zeit generiert ihre Geschwindigkeit aus dem männlichen Prinzip. Was meint, dass einzig die Werte des Männlichen zählen, also Attribute der Macht, der Hierarchien und des Sieges.

Schaut man einen Frühling hindurch einer Rose beim

Wachsen zu, oder gar sieben Jahre lang, versteht man tatsächlich. Hat – ist man begnadet – alle sieben Gärten durchwandert, blüht der eine große gemeinsame Garten auf – in all seiner zauberhaften Pracht; vom Allgöttlichen wurde man mit Fülle und Seligkeit beschenkt. Nun hält man die Gärten dieser Welt nie mehr für zukünftige Baustellen, unter denen es seltene Erden oder Metalle abzubauen gilt, die Elektroindustrie anzutreiben.

Die Autorinnen und Autoren dieses Jahrbuchs betraten aus verschiedensten Gründen diesen Garten; uns alle eint, dass wir ihn ersehnen – so mögen auch zukünftige alternative Lyrikjahrbücher AutorInnenschaft und LeserInnen Pfade aufzeigen, erhobenen Hauptes in Schönheit, Würde, Frieden und Glück zu wandeln.

Manfred Stangl im Februar 2o23

Blick in den Garten Lanzarote 2022 Tanja Zimmermann

fuchsmond

und jännerfrost. der himmel umkehrbild:
ein schwarzer eislaufplatz
mit kleinem weißen puck - der mond.
vollmond,
fängt sich im schnee.
farblose helle weit und breit. die
kahlen köpfe der bäume
werfen zarte schatten.
mondschatten. behutsam blaues geäder
auf glitzergrund.
und knisternde stille.
der graue räuber
mit tiefer nase, die
rute gesenkt, spürt, schnürt
vielleicht sichtbar, vielleicht
im tiefen schatten von
hecke und schuppen.
bebende schnurrhaare einer maus.
nachtleben
jännerkalt
mondklar.

Christl Greller

waldviertelwinter

tanzen kleine
weiße schneederwische,
wischen trichterwinde,
windeln schneeflockenkreisel,
geisterchen,
über
abgewehte felder.
tüllröckchen, spitzentanzend.

sonne gießt milch in
graue nebelwolken.
Christl Greller

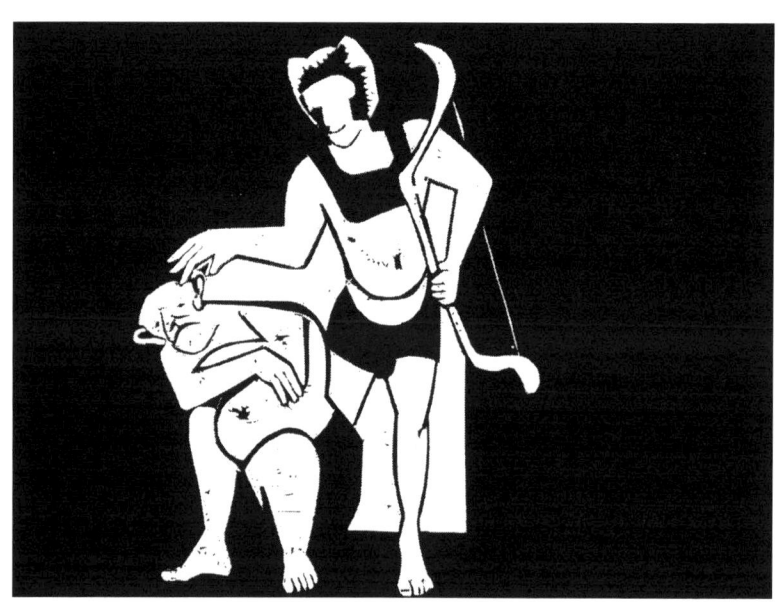

Der Affenkönig Hanuman bringt Rama zur entführten Sita 33x48cm Sonja Henisch

chancenungleichheit

der humus ist günstig:
hier
sprießt ein junges köpfchen und
dort -
jede abgesonderte zeile
bewundert, akklamiert.
und die hübschen gesichtchen - -

in der kälte des vorbeisehens
die alte frau und ihre
unbeachteten kinder.
ihre verse, die sich lebhaft wehren,
steckt sie in einen sack
und ertränkt sie
wie junge katzen.

Christl Greller

Dein Herz schweigt

Hunderttausende Bäume gefällt
Hänge kahl wie einst Hiroshima
Pflanzen welken, Bienen sterben
Doch dein Herz schweigt.

Autobahnen zerschneiden das Land
Boden gerodet, Häuser niedergerissen
Für noch mehr Supermärkte.
Doch dein Herz schweigt.

Weizenfelder weichen Betonpisten
Hügel entseelt, eingeebnet
Für Zweitwohnsitze der Reichen.
Doch dein Herz schweigt.

Indigene vertrieben von ihrem Land
Uranabbau und Amazonasrodung Hand in Hand
Panzerringe der Militärs rund um der Mutter Erde Brust
Doch dein Herz schweigt.

Millionen ohne Arbeit
Millionen traumatisiert
Millionen hoffnungslos
Doch dein Herz schweigt.

Millionen sterben den Hungertod
Millionen singen den Armut-Blues
Millionen ohne Schuhe im Winterschnee.
Doch dein Herz schweigt.

Du postest: „Lock Down für Mutter Erde"
Neben dir bricht die Lust des Lebens entzwei

Cyborgs jodeln mit digitalem Geschrei
Doch dein Herz schweigt.

Dein entfremdetes Herz schweigt.
Michael Benaglio

Stein und Sein,
Tanja Zimmermann

herbergsuche

in welchem haus wohnt
die seele eines emigranten
verbirgt sich der wille zum
überleben in einem zerbombten
haus in einem zelt oder im freien
auf einem untauglichen schiff?
einmal in new york in einem
windigen hotel ohne dusche
und mit gemeinschaftsklo
ohne kasten oder sessel
lag mein besitz im koffer
auf dem bett und am boden
blies ein hauch von flucht durch
das undichte fenster herein
lediglich die straßen waren
schlammfrei

Manfred Chobot

Die Muttergöttin holt Sita zu sich auf ihren Thron, 33x48cm,
Holzschnitt, Sonja Henisch

himmel und hölle

der himmel ist tödlich
langweilig dies wissen
all jene die schon
einmal dort waren

anders dagegen die hölle
dort schwimmt man in
einer gulaschsuppe
mit fleischbrocken
und wurstscheiben
kann stets davon schlabbern

genau so stellt sich
meine frau die hölle vor
und möchte unbedingt
dorthin gelangen
denn sie mag einfach
gulaschsuppe für
ihr leben gern

Manfred Chobot

Heiliger Platz

Wann hat fröhliches Kinderlachen dein Herz berührt
und ein Lächeln auf deine Lippen gezaubert?
Glitzernde Sonnenstrahlen auf fröhlichen Wellen,
hast du sie in deinem Inneren gespürt,
nichts bedauert?
Wann hat das Leuchten eines Augenpaares
das deine berührt?
Wann haben die frischen Winde der Berge störende
Gedanken verweht?
Wann hast du im kühlen Wasser des Baches
eine flinke Forelle erspäht?
Haben dich Kuckucksruf und Häherschrei
zum Lauschen verführt?
Hat der Wald dich darauf hin zu seinem Meister gekürt?
Dreimal drei Tage und Nächte in Waldeinsamkeit,
von Rehen besucht und vom Dachs still bestaunt,
hast du der Stille für dich frische Kraft eingehaucht.
Du sitzt aufrecht im Hain, umgeben von Grün,
dein Atem fließt ruhig, wie das Bächlein dahin.
Ganz klar wird dir die Heiligkeit von diesem Platz,
der offen in dir ruht, als ein erlesener Schatz.

Sonja Henisch

Wem folgen?

Es kommt auf das Vorbild an,
ob man ihm folgen,
es kommt auf die Ideale,
ob man ihnen folgen,

es kommt darauf an,
ob man den Vorbildern
und Idealen folgen,
und das Vorbildhafte

und das Ideale daran,
oder dem Vorbildhaften
und dem Idealen folgen,
und die Vorbilder und Ideale

oder den Vorbildern und dem Vorbildhaften,
und dem Idealen und den Idealen folgen,
und die Vorbilder und das Vorbildhafte,
das Ideale und die Ideale

mit allem Drum und Dran
auch weglassen kann.

Gerhard Ruiss

Für Esra Al Ghamgam

Schwester Du,
Siegeszeichen in der Hand,
mit verhülltem Haupt,
liebevolle Augen aus dem Jenseits, Seelenumarmung.
Auch, wenn Dein Haupt durch Männerherrschaft,
Fundamentalismus,
durch Frauenhass
und verkrusteten, patriarchale Strukturen
gefallen ist,
stehst Du wieder auf,
schöne Freundin aus Arabien.
Du stehst wieder auf, bis alle Männer auf Augenhöhe
zu Dir stehen,
bis altertümelnder Schwachsinn
statt kluger Frauen
für immer begraben ist.

Sonja Henisch

Schienenwetter

Unter Druck geht alles leichter.
Rast der Zug, rauscht die Luft,
und der Dampf ist sein Begleiter.
Und der Druck, hält der Druck,
fährt dein Zug weit und weiter,
unter Dampf, unter Druck,
alter Schienenreiter.

Geht der Flug, steht der Flug,
kommt herab die Himmelsleiter,
unter Dampf fällt alles leichter.
Unter Dampf, unter Druck
und der Wind ist sein Begleiter,
und der Druck und der Druck.
Pfeift dein Zug und fährt er weiter,
raucht der Zug, unter Druck,
alter Unterschallentgleiter.

Unter Druck, vor jeder Zeit her,
rollt dein Zug, unter Druck.
Ankunft ständig oder nie mehr.
Und der Druck, und der Druck,
ohne Einfahrt, ohne Querverkehr,
steht der Zug, steckt der Zug,
fährt er an und wieder weiter,
Schienenheber, Schienenkleister
aller alten Schienengeister.

Gerhard Ruiss

Sofern und wie alles beginnt

Die Größe des kleinen Mannes ist gering,
noch kleiner sind seine Glieder, an Maßen, Gewicht
und was mit ihnen gelingt.
Das Holz vor der Hütte der kleinen Frau ist gering,
stecknadelkopfgroß ist ihr Kind,
der kleine Mann des kleinen Mannes,
man kann nicht sagen, wo es aufhört und wo
es beginnt.

Der Himmel ist weit, so weit man sich sehnt,
man kommt ihm nicht näher.
Der Himmel ist weit
und breit der einzige blaue Flecken,
soviel man springt, man taucht nicht ein
und wieder auf,
um nichts eher.

Der Dampf über dem Feuer der kleinen Frau ist gering,
kupferkesselblond ist ihr Kind,
das Große am kleinen Mann ist gering,
noch kleiner ist, was auf den Tisch kommt
und jeder Tag bringt, an Kleinem vom Kleinen des
kleinen Mannes,
man kann nicht sagen, wo es aufhört und wo
es beginnt.

Der Himmel ist weit, so weit man rennt,
man kommt ihm nicht näher.
Der Himmel ist weit
und breit nicht der einzige blaue Flecken,
den man kennt, man taucht ein und nicht wieder auf,
um nichts eher.

Gerhard Ruiss

Steinreichtum, Foto: Tanja Zimmermann

Am Marktplatz

Am Marktplatz hat die Zeit
ihre Farbe verloren, ihre Haut
steht bleich zum Verkauf.
Über ihr hängen Träume
aus der letzten Nacht,
aufgereiht an einer Schnur.
Seit Jahren gehe ich daran vorbei.

Die Angestellten bieten alles
zum halben Preis, weil die Zeit
noch nicht reif ist.
Sie muss lange liegen, sagen sie
den Spaziergängern.
Eines Tages wird sie weich,
es braucht nur Geduld
und gute Lagerung.

Sigune Schnabel

Segelfalter

(Iphiclides podalirius)   Foto: Franziska Bauer

An einem Tag voll Sommersonnenschein
kommst du auf Futtersuche kurz vorbei
in meinem Kräutergarten, eins, zwei, drei,
und setzt geschäftig deinen Rüssel ein
zum Nektarsaugen an den Distelblüten,
die dort magentarot den Wegsaum hüten.

Die Flügel elegant gelb-schwarz gestreift,
mit Flügelspitzen leuchtend blau gesäumt,
ein Schmetterling, weit schöner, als erträumt,
huschst du vorbei, und machst, dass man begreift,
was wahre Schönheit sein kann (hör und staune!)
und bringst ein Quäntchen Glück und gute Laune.

Franziska Bauer

Treuer Diener

Im Dachgeschoss, am Speicher oben,
erst neulich war ich wieder dort,
da steht, fast ganz ins Eck hineingeschoben,
an einem dunklen und versteckten Ort,
ein Koffer im Regal bereit –
falls man ihn braucht von Zeit zu Zeit.

Der Koffer könnte viel erzählen,
hat er doch vieles schon erlebt.
Das kann das gute Stück auch kaum verhehlen:
Ist auch an manchen Stellen schon geklebt
und arg verschrammt sein Lederkleid –
der grüne Koffer steht bereit.

Die Eltern meiner Mutter nahmen
ihn mit aufs Schiff nach Übersee.
Bis, ausgewandert, sie zur Einsicht kamen,
im neuen Land lebt sich's genau so zäh.
So kehrten reuig mit viel Glück
samt ihrem Koffer sie zurück.

Als nächster packte ihn mein Vater
im Dritten Reich. Er konnte fliehn
als linker Dissident vor dem Diktator –
der wollte im KZ ihn „umerziehen".
Gottlob war dieser Spuk bald aus,
und Paps – samt Koffer – kam nach Haus.

Dann lieh den Koffer sich die Tante,
als ihr das Eheglück zerbrach.
Sie packte ihn, weil sie am Schluss erkannte,
zu gehn ist klüger als in Streit und Krach

zu bleiben ohne Lebensfreud:
Der grüne Koffer stand bereit.

Mich hat der Koffer oft begleitet,
auf meinem Wandern durch die Welt.
Hat seinen Inhalt vor mir ausgebreitet,
wenn ich ihn brauchte, war er stets gestellt.
Sag, wann ist wieder Reisezeit?
Der grüne Koffer steht bereit!

Franziska Bauer

Gasthaus Laaerbergstraße-Urselbrunnengasse, Holzschnitt, Sonja Henisch

Echo

In Tälern zwischen Bergeshöhen,
da schläft das Echo. Es erwacht,
sobald du rufst. Und du wirst sehen,
kaum hast den Mund du zugemacht,
sagt dir das Echo alles nach;
zwar zeitverzögert und von Ferne,
wo es sich an den Felsen brach –
jedoch, gib's zu, du hörst es gerne!
Wie schön, wenn du die eignen Worte
vom Echo noch einmal vernimmst.
Getreulich spricht am selben Orte
das Echo das, was du bestimmst.
Doch bald obsiegt die Langeweile.
Bist du am Anfang auch entzückt,
wird dir bewusst nach einer Weile,
dass Meinungsaustausch so nicht glückt.
Kein neues Einseh'n, keine Wende,
die Argumente gehn im Kreis.
Und man erfährt zum guten Ende
nur, was man ohnehin schon weiß.
Das Echo kann nur wiederholen,
es plappert nach mit Akribie.
Und bleibt, ich sag's ganz unverhohlen,
somit verbale Onanie.

Franziska Bauer

Träumer

Träumst Du Dich auch in eine andere Welt
Träumst Du auch von einer besseren Welt
Dann bist Du nicht allein
Lass uns gemeinsam Träumer sein
Und träumen von Frieden auf der ganzen Welt
Und von anderen Zielen
Die unser Geheimnis bleiben
Lass uns gemeinsam Träumer sein
Und wenn die anderen auch über uns lachen
Sollten wir bedenken, das letzte Lachen ist bei uns
Und das macht uns Mut
In dieser Zeit
Schön, dass es Dich gibt
Lass uns gemeinsam Träumer sein
Und träumen von Frieden auf der ganzen Welt,
Von Liebe und von anderen Zielen
Die unser Geheimnis bleiben
Wir wollen den Weg gemeinsam gehen
Alle Grenzen hinter uns lassen
Und unsere Träume für die anderen unantastbar machen
Wir wollen lieben, lachen und gemeinsam Träumer sein

Susanne Ulrike Maria Albrecht
Weltfrauentag 2023 der Chorakademie Dortmund e.V.

Den großen Fluss im Stein
leg ich dir aufs Grab – aus ihm
tauchen wir einander herzend
hinter einer Biegung über
Nacht zu klarem Licht
verwandelt auf.

Taifuno

Als suchte Siebenstein entrückt

im Vogelzug nach seinen Wurzeln,

in Totentrompeten
der Wälder seiner Kindheit
nach dem Schweigen,

im Schrei der Wildgans
nach dem erlösenden Vers,

in Weißen Löchern das Recycling
des Entgangenen zu seines Anderen
Erinnerung ...als suchte er

nach der nacktesten Wahrheit
im schönsten Schein, nach dem Leben,
das die Verse ihm raubten,

und bei Königinnen
recht strahlungsresistenter Ameisen
um die Verleihung

einer Doppelstaatsbürgerschaft an,

das Heilige zu entbergen
in der Urgewalt des Todes,

und vielleicht unbeschadet
und glückselig durch den Ring
eines Schwarzen Loches

in ein Spiegelversiunum zu entschweben.
Joachim Gunter Hammer

Paradies Sonja Henisch

Auf dem Markt

Wahrlich nicht im Traum
suchtest du flackernden Teelichts
unter ferngesteuerten Puppen,
deren Schweigen selbst noch
lautes Geschnatter ist, vergeblich
auf dem Markt nach Menschen
und einem Nanogramm pures Glück –

doch selbst der Himmel schien
leichenfleckenbläulich nur
die Achsel zu zucken

und ein Schwall
kalten Gelächters blies
deinem Teelicht entgegen.

Joachim Gunter Hammer

Die Dämonin versucht Rama zu verführen, 33x48cm Sonja Henisch

Brekzie aus
Glick Gleck Glack Glock
Gluck

Bitte verschreiben Sie mir, Frau Doktorin,
eine wirksame Philosophie
wider die Flügellahmheit der Seele
und meiner Fantasie!
Chao-tse

Ist Glück denn überhaupt Etwas? Vielleicht
ein Stück schwarze Schokolade, Erinnerungen
an den normalen Alltag vor dem Krieg,
ein goldner Kuss im Seinerzeit, das Übertreten
von Richtlinien des Unseins in der Ekstase,
ein Irrsinn, der richtig Spaß macht, und wird es leicht
zu Tode reflektiert, oder bedeutet es
in Gedankenfreiheit auf zu wachen, ein Amulett
zu finden gegen Versfindungsstörungen,
den ausgeblendeten Schatten wieder
die noch warme Hand zu reichen,
Seiltanzen in hormonalem Gleichgewicht,
von anderen nicht gelebt zu werden
und doch auch für sie da zu sein, täglich
ein Glas Rotwein zu erheben auf die eigne Endlichkeit,
sich jäh zu verlieben in den Stein am Weg, ihn
um Erlaubnis fragend, seine verwitterte Haut
streicheln zu dürfen, nebenbei die Ruhe
vom Finanzamt zu genießen, und auf vielen Ex
kursionen ins weite Rauschen innen
zur Wahrnehmung der Fremdheit
des eigenen Spiegelbildes zu gelangen,
jedem Daher, das unabweisbar,

sich stoisch hinzugeben,
und einst in die Leere mündend
sein Leben zu erfüllen?

Joachim Gunter Hammer

Gabi Bina Zukunftssuche I 2022 (1)

Wechselstube

Ein Klimpern von Truggold
und Katzensilber,
Leitwährung dieser Welt?

Ist das Haiku
ein wahrer Philharmoniker,
mag Schweigen nur Silber sein.

Wo Schweigen rostiges Blech,
ist die mutige Rede
purstes Gold.

Ist eine Rede nicht
des Schweigens wert,
sind ihre Wörter falsche Wechsel?

Ist Schweigen echt Gold,
mag ein Haiku noch
die Feinunze Silber sein.

Im Sterben sitzt
der reichste Geizhals auch
auf einem Haufen Dollarblüten

Joachim Gunter Hammer

Die Rückseite des Berges

Da, auf der Rückseite des Berges
Glost noch die Asche getrockneten Blutes
Hier liegen verstümmelt die Kinder, die Väter
Tot aufglühendem, schwarzem Grund

Und du rufst nach dem Gott deiner Götter
Wo bist DU?
Hebst tränenblind deine Augen -

Und gekleidet in Dunkelheit
Siehst du nichts - nur den Fuß deines Gottes
Nur den Fuß
Riesengroß, grau und mit blutigen Sohlen

Und donnernd brüllt es aus allen Räumen
„Flieh meine Welt, geh fort -
Geh, wo die Sonne ihr Licht auf blühende Wiesen legt
Und vergiss!

Eva Meloun

Sturm und Klang

Weht der Wind, wenn es kalt dämmert
und steht der Mond so eisklar da
wenn der Sturm ans Fenster hämmert
wie lange es schon nicht mehr war.

Die Zweiglein biegen, Äste krachen
und das ganze Haus, es singt.
Kinder, es vergeht das Lachen
wenn die Luft das Heim durchdringt.

Tür und Tore sind geschüttelt
von der Elemente Kraft.
Schlafende Träume, wachgerüttelt
von der starken Brisenmacht.

Vöglein ächzen, Menschen klagen
Schatten brausen durch die Luft.
Die Wilde Jagd der dunklen Wagen
wie sie nach ihresgleichen sucht.

Durch schwarze Nebel reitend
gräulich gehülltes Reitgevölk.
Gar düster abwärtsschreitend
durch tosendschwarzes Nachtgewölk.

Die letzte Nacht der langen Nächte
wo alles nun zu Stein gefriert,
unkenntliche Gestalt der Mächte
die gänzlich sich im All verliert.

Elmar Mayer-Baldasseroni

frau

hellblaues licht aus warmem herz und
süßem donner
aus ihrem gesicht verehrt und verliebt
madonna
im fluss der gewaltigen sehnsucht
amore
aus jedem blick, aus jeder pore
so hungrig dein herz an dem meinen
pulsschlagerhöhend lebensbelebend
mädchen märchen
tausendrosenduftender engelsgesang
meiner habhaft so herzhaft
pulsierend verwirrend beruhigend
der hauch deiner flügel
dein odem den himmelswolken gleich
venus ohne pelz
schreiende kurven
umschmiegender schimmer
und doch schläft da
so zart und so mild neben mir
wissend küssend
eine ganz rote
liebe
für
immer.

Elmar Mayer-Baldasseroni

Der Spiegel

Ich stehe über meinen Gedanken –
Ich denke an meinen Gedanken vorbei –
sie waren – gestern – vor Jahren –
sie waren –
Ich bin über meinen Gedanken –
im Sein –
der Versuch meine Gedanken zu denken –
denkt mich in meine Vergangenheit zurück –
Ich stehe über meinen Gedanken –
Ich betrachte Wortbilder –
und bin –

Eva Jansenberger

Die Dämonin lockt Sitta als Reh in den Wald, 33x48cm, Sonja Henisch

Luft zum Leben

Weißt Du noch, wie die Luft nach Schwefel roch
Sie war voll Chemie und ich liebte sie doch
Die Kokerei war meine Welt
Die Lichter daran das Himmelszelt
Die Industrie gab mir Geborgenheit
Und füllte die Sinne mit Heiterkeit!

Das sind doch kindische Spinnereien,
die könnt ihr mir sicher nicht verzeihen.
Fragt nach dem Grenzwert, wo lag denn der?
Für Schwefel und Fluor und anderes mehr.
Dieser Mist füllte die Luft,
brachte Krankheiten mit seinem Duft:
Rachitis, Pseudokrupp und Astma,
schädigte Alle und damit basta!
Und heute wissen wir noch mehr;
sagt man uns, doch es ist schwer,
die Dinge alle zu begreifen,
den Umweltschutz und seinesgleichen.

Wir messen dort, wo es früher nicht ging,
weil der Zeiger der Uhr dort nicht anfing.
Den Picobereich den gab es nicht,
wie klein ist denn das, so fragt man sich?
So klein, dass man es nicht merken tät,
doch dann ist es auf mal zu spät.
Vielleicht gibt es Krebs oder auch nicht,
besser ist´s man übt Verzicht.
Das sagt man uns, wir wollen was tun,
schützen die Umwelt und wollen nicht ruhn.
Elektroautos sollen her,
ist das denn wirklich allzu schwer?

Rama tötet die Dämonin, 33x48cm, Holzschnitt, Sonja Henisch

Diesel und Benziner im Verkehr,
stören die Luft doch allzu sehr.
Ab in die Presse und werde zu Schrott!!!
Die schönen Autos, oh mein Gott.
Doch freut gerade das die Industrie,
denn die verkauft so viel wie nie.
Mit Schummelsoftware und anderen Macken,
könnten die Neuen wieder abkacken.
Der Verbraucher ist es, der Schadstoffe meidet,
doch der Hersteller ist es, der anscheinend leidet...
Mit Grenzwerten und anderen Sachen,
will man ihm das Leben schwer machen.
Und Stickoxyde, was tuen die?
Und überhaupt wo stecken sie?
Und was ist mit den LKW?
Mit Schiffen auf der hohen See?

Das ist was anderes, das geht uns nichts an,
denn sparen muss der kleine Mann.
Das amüsiert den Lobbyisten,
der lacht sich ins Fäustchen, wenn die wüssten ....
Und sackt die Gelder alle ein,
vom kleinen Mann –
korruptes Schwein!

Ich gehe jetzt, ich hab genug,
von diesem elenden Betrug.
Mit neuen Autos die Umwelt schützen,
das ist zu doof und kann nichts nützen.

Und damals die Kokerei und der Schwefel?
Jetzt wäre es ein schlimmer Frevel,
damals war es zu viel des Guten,
würde man heute keinem zumuten,
doch immerhin war es ehrlich
 – und ich fand es herrlich.

Ellen Norten

Irgendwo im Nirgendwo

Du bist in einer fremden Stadt
Und findest deine Träume in der Nacht.
Im Morgengrauen malst du dir die
Zukunft in den schönsten
Farben aus.

Du denkst an traumhafte Zeiten
In der Heimat.
Es ist nirgends schöner als Daheim,
In diesem Sinne, schlägst du dreimal die
Hacken zusammen.
Einen Versuch ist es allemal wert.
Doch du bist nicht im zauberhaften
Land.

Susanne Ulrike Maria Albrecht

Rama verstößt Sita, 33x48cm, Holzschnitt, Sonja Henisch

es sind die blüten und nicht die früchte

es sind die blüten und nicht die früchte
es ist der zauber des werdens
der uns die sinne raubt
der uns welten verspricht
der unsere träume nährt
und uns
einmal im leben
tatsächlich fliegen lässt.
es ist der übermut
den niemand braucht
es ist die schönheit
es ist der duft des jungseins ...

Peter Sonnbichler

Lavahöhle auf Lanzarote, Tanja Zimmermann

dunkel und
wie Sterngucken

dunkel und
wie Sterngucken

dein Umgang
mit Blumen

und dann
wie im

Garten der Seele
mit dem Gesicht

gegen eine Granitmauer
gerannt.

Leben

Sophie Reyer

Einweg-gedicht

1.) Was ist alltäglich?
   Gladiolen, Rosen?
   Das Straßennetz?
   Ein Schrei?

2.) Was ist gewöhnlich?
   Jahreszeiten?
   Blätter?
   Herbstzeitlosen?
   Poeterei?

3.) Was zählt?
    Ich weiß es nicht.

4.) Ich weiß nur,
   überflüssig ist:

   (a) Der Mond
       (es gibt Laternen)
   (b) Die Fröhlichkeit
       (außer beim Wein)
   (c) Nachdenken
       (wozu grübeln?)
       – Nur keine Fragen stellen.
          Fragen ist ungesund.
          Und tiefe Fragen
          sind
          Unzeit-gemäß.

   Brigitte Pixner

Tiefe

In der Tiefe
tönt und schweigt es
in einem,
als herrsche die Nacht
und als schütte
zugleich der Tag
all seine Farben aus...

Als sei im Urgrund
ewig Ruhe
und Bewegung in einem,
als habe alles Leben
zwei Gesichter
und als sei jedem
Morgen unweigerlich
sein Abend anvermählt...

Göttliches Gesicht, Foto Werner Dornik

Allein im Herzen
ist alles angefüllt
mit Schweigen:
Dort ruht die Welt
in all ihrer Größe
und ist ausgesprochen
nur im kleinsten Wort...

Mario Kern

Aus der Zeit

Aus der Zeit geworfen
finde ich keine Orte, die
das Gesicht der Zukunft malen
zwischen Wolken und der Sonne
liegt ein Raum,
den ich nicht benennen kann
blinde Augen wachsen aus dem Moor
über Wasserspuren wandle ich

Bin ich mein eigenes Krebsgeschwür,
das sich gebiert im Schatten einer Nacht,
in der die Sterne von dem Himmel fallen
in der die Wellen Wolken schaukeln?
Ich klage nicht an
halte die trockenen Tränen in der Hand
hänge sie an Knospen
und warte auf die Farben,
die der Welt Gestalt verleihen.

Lieselotte Stiegler

Gedicht, in dem das Wort „Angst"
durch „Vorfreude" ersetzt ist

Mit deinen bemalten Kinderfingern
hast du
        hast meine Vorfreude
aus dem verstaubten Keller geholt

Streckst sie mir schuldlos entgegen
ein fahlschimmerndes Blatt nur
        schwarzweiß entgegen
ein mitunter geborgener Schatz

Claudius Schöner, Eulenblick

Meine Vorfreude fragt nach dem Fundort
will eigentlich wissen
        will
was Gemeinsamkeit kartiert

Ich
        sagst du
sagst dass dir nun angehöre
was ich nicht bin und nicht du

Vorfreude
        frag ich
frag ob du sie auch hast
wie das Foto in deinen Händen

Starre auf deinen Nagellack
blaublättrig abgeschabt
        starre auf deine Stille
urvertraut

Wünsch mir deine Jugend
unbescholten
        wünsch Vorfreude alles
weiß wir opfern ihr nichts

Sofie Morin

Wiegenlied

Wie soll ich deuten
den Klang der Stille,
der mich umwirbt,
mich zieht in seinen Bann
und das lange Schweigen bricht?
Ich bleibe stumm,
lass ihn gewähren,
aufgehoben
in der Wiege
des lautlosen Meeres.

Elisabeth Singh-Noack

Frei schaukeln, Tanja Zimmermann

Aurora

Als es Gold regnete
und ein Mosaik aus Licht und Schatten
die Welt zusammensetzte;
als der Wald in die Au tauchte
und die Au mein Auge überschwemmte,
nahm ich all meinen Mut zusammen
und blieb auf der Lichtung stehen,
um ins Gold hineinzuwachsen.
Himmel und Erde
Vielleicht
sollten wir uns
in die Gondel des Riesenrades setzen,
schaukelnd hinauf,
die Welt unten so klein.

Elisabeth Singh-Noack

Vielleicht

sollten wir über fehlende hinweg
die brüchigen Stufen erklimmen,
vom Balkon des Hochsitzes sehen
auf halbem Weg zu den Wipfeln.
Vielleicht
sollten wir fliegen
durch Himmel, zum Mond und zur Venus,
und wandelnd, uns wandelnd verstehen,
wie klein wir, wir groß doch die Erde.
Vielleicht
sollten wir auf dem Boden bleiben,
geerdet, verwurzelt und blühend;
und Gedanken treiben aufwärts wie Pollen,
bleiben hängen, keimen, begrünen.

Elisabeth Singh-Noack

Platz, Tanja Zimmermann

Die Zartheit der Gefühle im Gewühle

Wir machen diese Welt nicht schön mit „Funktionieren".
Wir halten unsren Lebensgrund hinter
verschlossnen Türen.
Dieses überwinden, endlich anzukommen,
endlich uns zu finden!
Immer diese Angst – verständlich und berechtigt.
Was soll das wieder werden, wenn sich so ein
Ohnmächtiger selbst ermächtigt?
Der hehre Untergang ist längst tragisch gefeiert,
die Welt war mächtiger, der Mensch war gieriger,
nicht notwendig bescheiden,
nicht abgeschieden, um wirklich
beim Anderen zu bleiben.
Doch auch die Kraft dazu ist erst einzuverleiben.
Die Kraft, zuerst bei sich
und dann wirklich beim Anderen zu bleiben.
Es kann ja sein,
dass für das Leben alles egal ist,
aber wenn kein Lebendiges
ein anderes erhalten will, wird das Leben zum Tod.

Christian Wolf

Es ist was es ist

Es ist Angst,
sagt der Denker
Es ist das Ende,
sagt der Wissenschaftler
Es ist nichts als Schmerz
sagt der Wissende
Es ist der Anfang,
sagt der Gläubige
Es ist grausam,
sagt der Liebende
Es ist das Leben,
sagt der Einsichtige

Es muss sein -
sagt der Tod

Es ist was es ist –
Eva Jansenberger

Gabi Bina, Schutzengel der Trauer, 2022

schmerzfreie freundschaft

gestern also sonnenuntergang in voller breite
mit dir jean entzückt
mit dir eiskalt aalglatt

wie gut dass meine lippen brennend
von dir nicht gelöscht den sonnenuntergang

niemals werden die sonne aufgehen sehen ob
die sonne beim versinken schmerzen sind
fiebrig ob postkoital oder entsagung welch

anblick du staunend auf den piloten der anlegestelle vor
zinnobersattem horizont

Mechthild Podzeit Lütjen

Lesende, 33x19, Holzschnitt, Sonja Henisch

Todsein

Wann wird dein herz wach wenn der tag
Rosen durch das land treibt* wir horchten
Stundenlang an den entferntesten ufern du
Findest nicht in dein todsein du hast mir
Mein leben genommen gerade jetzt passieren
All die schlussstriche bis im gedränge
Die namen gehaucht das nennt man
Lieben sie lächelt immer wenn sie an grenzen
Gerät lächeln beim gefühl nicht durchzukommen
Und erschöpft und todmüde und du bleibst da mehr
Kann ich nicht tun für mich ich bleibe allein

(inspiriert von Marlene Streeruwitz,
Burgtheater Magazin 01/22)
Mechthild Podzeit Lütjen
*Konrad Beyer

Das verborgene Wort

Nimm mich mit sagte
Ich manchmal dann
Blieb ich in meinem kokon vergiss
Sagte ich blieb und blieb das
B liebe ich denn lieb ohne imperativ
Lieb sei mir b doch sagte ich bin
Ich froh dass ich geblieben bin wo
Also dort oder im kokon habe die
Hände vor meinem gesicht lieben
Lieb und bleibe – wie ein fingergespinst

Lieb mich mit sagte dir
Bliebest

Mechthild Podzeit-Lütjen

Pferderingelspiel im Böhmischen Prater, Sonja Henisch

Wellenfrieden

Strandgut sind wir
unsre Herkunft gischtgesäumt
weitab der Geburtswehen
an keiner Küste verstreut

Was Atem geborgen
hat Lungen längst ausgespuckt
Bezeugen den Rückgang entfernt
als brandete nichts mehr in uns

Doch Purpur leiser denn Sand
trägt sich selbst ins Gewissen
und unsre innigste Frage die
ob von hier aus das Meer

zu riechen sei
Salzwasser am Hochmut leckend
löscht körnige Übergriffe jäh aus
und gibt die Gezeiten frei

Überm Wellengang himmeloffen
dicht an Lippen salzverkrustet
reicht uns Einsicht wogend
in einer Schale das Meer

Sofie Morin

Die Geschichte

Wo Irland keinen Westen mehr hat, weiß am Abend
jeder etwas zu erzählen: die Geschichte
von den Liebenden, die eines Tages
im Hafen auftauchten,
bunt wie die Tinkers, die lachten und tranken
und abends von den Klippen sprangen. Es heißt,
er hatte die falsche Religion.
Und die Geschichte vom Hunger.

Die Geschichte von der Banshee, sie kam aus Mayo
und begrub ein Kind mit wenigen Wochen.
Das zweite starb in ihrem Bauch. Auf dem Totenbett
zerbiss sie einen Knebel. Sie fluchte und ging
ohne Segen und Zeit für Klagen. Seither
stopfen sich die Priester Wachs in die Ohren,
wenn der Mond voll ist.
Und die Geschichte vom Hunger.

Die Geschichte vom Helden im Keilgrab.
Bei jedem Aufstand
hofften sie vergebens auf sein Schwert. Die Geschichte
vom blinden Druiden, dem Vogelmann. Sein Schild
brachte die Nacht, und sein Stein war Verderben.
Neunzehn Könige kamen und gingen,
doch keiner konnte ihn beugen.
Und die Geschichte vom Hunger.

Die Geschichte vom versteinerten Fiedler,
der die Tochter
des Druiden zurückwies,
und die Geschichte vom Winter,
der das Meer zufrieren ließ. Die Geschichte

vom neunzehnten Ritter von Kerry, dem Schöngeist,
der Handschuhe trug und mit Orchideen. sprach.
Der Golfstrom öffnete die Blüten beinahe obszön,
als die Kartoffeln faulten.
Und die Geschichte vom Hunger.

Die Geschichte vom Kabel, tief unter dem Ozean.
Nach dem fünften Versuch strömten die Börsenkurse
von London nach New York. In der Nacht
summten die Stimmen der Kinder unter den Walen.
Die Eltern antworteten mit Lügen von Steaks,
die weit über den Tellerrand ragen.
Und die Geschichte vom Hunger.

Gerald Jatzek

Gabi Bina, Vertraut und verträumt, 2022

Schnaps und Brot

Wir trinken Schnaps und Brot.
Wir trinken am schmutzigen Tisch des Hafenarbeiters,
dem in Stockholm zehn Quadratmeter gehören,
und eine verlorene Hütte in Turku,
mit kaltem und mit kaltem Wasser.
Wir trinken auf die Kräne, auf die Trossen,
die der Zufall spinnt, und auf das lose Fass,
das eine dunkle Spur auf dem Kai zieht,
verfolgt von schwedischen Schreien,
eine Spur aus Blut und Dreck.

Wir trinken auf die finnische Ruhe,
wenn die Kisten gezählt in den Paletten schlafen,
und die Fähre durchs schwarze Wasser gleitet,
das leise Geschichten flüstert,
bis sich die Betrunkenen über die Reling beugen.
Auf die Frauen mit dem Meer in den Augen,
das dein Hirn überflutet mit Duft und mit Worten,
trinken wir Schnaps und Brot und Fisch
auf das Salz, das nach der Ebbe bleibt,
und auf das Vergessen trinken wir auch.

Wir trinken auf den Sieg der Schwarzweißen,
auf Nurmi, der ewig durchs Stadion läuft
von den Dämonen der Wälder
zu den Dämonen der Wälder,
auf den Schutz vor der Nacht in der Hütte,
auf die Balken, die Sparren, die Wände.
Wir trinken am Tisch des Vaters
auf die Kiste mit dem Soldbuch,
dem Kalevala, der Bibel,
dem Werkzeug für die Hände eines Riesen, auf das Holz,

auf die Steine vor der Tür, den Schiefer
mit den Gesichtern nie geborener Kinder.

Gerald Jatzek

C. Schöner, indischer Götterreigen, Tuschpinsel

Fernblind mit Federvieh

Was fließt
die Donau hinab und die Ferner
sind Gletscher
die schmelzen am Wechtenbruch
Ausgang genommen

Periodensystem der Angst
führt die Zirbe ganz oben
an filzig behaarten Trieben
Versuche halbgar abgelesen
das Klima zu befrieden

Doch die Liebe zur Heimaterde
geizt wie Blattgold
Will Federn nicht lassen
zugleich das Huhn auf der Wiese
und Gras sein und wachsend

Erfüllt sich doch selten
was wir prophezeien
Das Gewissen sprießt eilends
Wechten von Schnee oder Schuld
weiß wie überlebt es das Federvieh

Am Abend ist der Himmel
gewöhnlich eine rostrosa Decke
Wir legen uns darunter nieder
unverzagt fernblind
Als Kopfpolster ein rohes Ei

Sofie Morin

Ach Herr das Leben ist schwer
wenn es so schön ist

zum Glück gibt es den dauernden Wechsel
alles entflieht so schnell und königlich
und lässt dich reich beschenkt zurück
alles hat kein Maß denn alles ist Überfülle
das ist Gottes einziger gebender Wille
schau mit mir – mach endlich die Augen auf
sonst verlierst du den ganzen Lauf
und trüb werden dein Auge und dein Gesicht
dein offenes Auge sieht all dies nicht
schade du hast dir selbst das Leben verdorben
und denkst die anderen haben Schuld
nein sei gerecht nur du warst immer voll Ungeduld
du willst immer jenes was nicht vor dir
du kriegst nie genug in deinen Magen und Hals
ein gieriges Wesen bist du geworden
hast es aus dir selbst geschnitzt
nun bist du so unbeweglich geworden
und siehst nicht mal am Tag das Licht
alle Heiterkeit ist dir entschwunden
nur deine Narben leckst du ständig wund
egal was jetzt vor dir
es gibt dir nicht kund diese Schönheit hier
dein Auge bleibt trüb als wäre es geschlossen
du bist tonsteif in deine Lebendigkeit gegossen
Verhärtungen folgen dir bei lebendigem Leib
einfach nur so aus Zeitvertreib
weil nichts dich antreibt nichts dich anficht
nur dein Atem ist dein glückliches Licht
sieh doch endlich was du denkst suchst und gierst

du bist unendlich nur das ist es hier
ein Punkt ein Funke ein Atom
ja du bist ein Lichtgenom
jetzt noch ein Gnom
aber bald ein Lichtgenom

Dorothea Schafranek

Verbundenheit - Jürgen de Bassmann

Frühsonne über dem Taubenschlag,

wirft die Fabrik ihren Schatten
aufs Pflaster hinter dem Hag,
Lichtstreifen zwischen den Latten.

Morgenrot leuchtet einer Zypresse
faserige Rinde hoch übers Haus.
Im feuchten Eck Kapuzinerkresse,
über den Kiesweg huscht eine Maus.

Schmal zwischen Wiese und Rosenspalier,
am Rand von niedrigem Buchs bestanden,
führt er hangab zum Fliederquartier,
wo in ihm Gras und Blumen versanden.

Inmitten von allem, fett und grau
im Stamm steht die blutblättrige Buche,
streckt ihre Äste ins helle Blau
über dem Park aus des Morgens Tuche.

Christian Zillner

Den Schatten ins Tal

Den Schatten ins Tal
haucht ein kalter See.
Der Grund hier ein Saal,
rasch hinan auf die Höh

in ein felsiges Blau!
Geröll auf den Hängen,
Latschen im Grau.
Höhnmeter drängen

den Druck auszugleichen
am Weg durch den Wald.
Unter riesigen Eichen
endet das Ufer eh bald

vom Talschattenteich,
den die Sonne wärmt,
so den Gletscher, bleich
in seiner Gruft, härmt.

Am Pass aus Kalkstein
deucht dünner die Luft.
Schwer atmet sie ein,
wer ins Land hinaus ruft.

Ein Schuh stößt an Eisen,
halbrund und im Rost.
Verloren beim Reisen
oder Hoffnung auf Trost?

Es steckt hier im Staub
als die Spur von einem,

von dem ich gern glaub',
er sei höher beim Reimen.

Fahnen fetzen laut im Wind.
Schwarz die Luft, ein Schwarm
von Krähen schwirrt geschwind
über den Park auf Futtersuche.

Im Winter ist die Erde arm.
Menschen, eingemummt im Tuche,
tappen über gefrorenen Kies,
schmal im Frost der großen Stadt.

Ihre breite Farbpalette ließ
den Tagen nur noch graue Töne.
Alle Scheiben schimmern matt.
In den Bäumen baumeln schöne

Kränz' aus Korn und Kernen,
dienen kleinen, gelben Meisen,
die an ihnen Orten lernen,
dabei sacht an Zweigen schwingen,

in der Not als Fastenspeisen.
Eingekratzt vom Eise klingen,
von der bleichen Sonnenplatte
aufgetaute, Winterstimmen.

Krächzend putzen glänzend glatte
Schnäbel schmuckloses Gefieder.
Scharf gescheitelt strecken Hecken
ihre spitz geschnittenen Glieder.

An des Labyrinthes Ecken
pressen Stangen ihren Schatten

auf die Wiesen und den Sand
von Wegen. In dem glatten

frosterstarrten Erdreich zogen
Gärtner, Parkwächter, Passant
wie am Strande Limnologen
mit den groben Stiefelsohlen

feine Linien bis zum Rand
dieses Schlossparks. Nekropolen
eines Schollenspiels von Schuhen,
weggetreten, unbekannt.

Christian Zillner

Foto: Christian Pauli

Bist du noch

Bist du noch
im Garten der Liebe
oder bist du bereits
im Garten der Nützlichkeit
oder im Haus
der Zweckmäßigkeit?

Wohnst du noch
im Haus der Zweckmäßigkeit
oder wohnst du bereits
im Haus des eigenen Eigentums
oder im Haus
des trotzigen Schweigens?

Bist du noch
im Haus des Schweigens
oder wanderst du bereits
wie ein zielloser Vagabund
wieder dahin
auf der Straße der Einsamkeit?

Dietmar Füssel

Weinberg

Ich weiß, dass dort der Weinberg ist, rechts davon
im Feld der blühende Holunder und daneben die
gefiederten Blätter der Eberesche. Ich wasche mir das
Gesicht und denke an ihn. Ich denke an ihn. Ich weiß,
dass da hinten die Fliederbüsche den Garten säumen
und darunter die Löwenzähne blühen. Und dass in der
Ecke die alte Kastanie steht, die im Februar hätte gefällt
werden sollen.

Karin Seidner

Foto: Christian Pauli

Ein Schilfrohr, das im Winde schwankt...

Ein Schilfrohr, das im Winde schwankt,
ein Blatt auf einem Baum,
ein grüner Zweig sich zu dir rankt,
ein schöner Wüstentraum.

Ein Sandkorn, das den Traum versteht,
ein Wüstenwind verweht,
ein Sandkorn, das den Wind versteht,
ein Wind aus ihm besteht.

Ein Sandwind, der die Wüste sieht,
ein Wind, der oftmals rau,
ein Mensch vor diesem Winde flieht,
ein Schutz, ein Hort, ein Bau.

Ein großer Bau, der dann besteht,
ein Wall herum gelegt,
ein Weg herum gekonnt sich dreht,
ein Baum sich zu ihm legt.

Ein Baum, der auch die Wüste kennt,
das Sandkorn er dann legt,
der Baum, der Wüstenbaum sich nennt,
das Sandkorn sich bewegt.

Der Mensch, der aus dem großen Haus,
der Mensch sieht zu dem Baum,
das Sandkorn ruft: „So geh hinaus,
der Baum liegt noch im Traum.

In diesem sieht er einen Fluss,
das Wasser ist ganz klar,
und steigt hinein mit seinem Fuß,
und seiner Wurzelschar."

Und nun sich auch das Schilfrohr neigt,
und unterm Blätterdach,
das Sandkorn zu der Krone zeigt,
und sagt: „Sei nun erwacht!"

Ein Schilfrohr, das im Winde schwankt,
ein Blatt auf einem Baum,
ein grüner Zweig sich zu mir rankt,
ein wirklich schöner Traum!

Ingonda Lehner

All das Getriebe

Die Schildkröte
tastet sich dem Meer
entlang
fürchtet nicht die Flut
erkundet
die Dünenlandschaft

auch wenn sie es wollte
so kommt sie doch
niemals schnell voran
und staunt
über all das Getriebe
der vermengten Menschen
am Strand.

Karin Gayer

Kroatien

Die Brandung wiegt mich
in einen blauen Schlaf

er klettert auf Zypressen
schmeckt das Salz in der Luft
schaukelt in Fischerbooten
hinaus ins offene Meer

und abends gehen wir
zu den Ruinen, den Theatern
von gestern, lösen Muscheln
aus Perlmuttschalen

nahe den felsigen Stränden
schwebt ein ferner Albatros.

Karin Gayer

Mondnacht

Die Sonne habe ich gesucht
den Mond sofort gefunden
doch du, halte dich fern
von den schweigenden Nächten
tanzen sollst du gehen

du denkst, die Sterne sind
vom Himmel gefallen
doch es sind nur die Vögel
die sich ein wenig ausruhen
weil du nicht schlafen kannst.

Karin Gayer

Im Anfang war das Korn

Im Anfang war das Korn.
Sie lag in der Sonnenbahn.
Sanddünen durchwanderten sie.
Sie hob den Kopf in den Sturm.
Er hat ihr ihre Schleier entrissen.

Karin Seidner

Foto: Christian Pauli

Gute oder schlechte Gärtner?

Gewiss
mag verbrannte Erde
Sinn ergeben

Die Samen haben überdauert
und daraus
wird Neues sprießen

Manches davon
werden die Vögel des Himmels
und der Erde sich einverleiben

Ob aus dem Rest
ein Garten der Liebe
oder das Gestrüpp eines Wildwuchses wird

liegt allein
in unserer Hand
Heinz Kröpfl

Die roten Blumen

Die schwarzen Blumen
so lange beregnen
bis sie zu weißen werden

Die weißen Blumen
so lange bescheinen
bis sie zu gelben werden

Die gelben Blumen
so lange anhimmeln
bis sie zu blauen werden

Die blauen Blumen
so lange erwärmen
bis sie zu roten werden

Die roten Blumen
niemals aber
vertrocknen lassen

damit sie nicht
zu schwarzen werden

Heinz Kröpfl

Magic Birds

Glück und
Kreativität

jene beiden
unfassbaren
Wundervögel

die uns das
Leben so

herrlich
versüßen.

Markus Prem

Ein Männlein steht im Walde I - Jürgen de Bassmann

Botschaft

Eine Krähe
im Garten.

Blickt weise
um sich.

Sie möge
uns lehren

einfach
zu SEIN.

Markus Prem

Foto: Christian Pauli

Am Strom, im Strom

Immer noch kreisen meine Gedanken
und Gefühle um das Erlebte
verfolgen und ergreifen mich
Diskursfragmente, Redereste
Figurenlarven, Infomüll
Theorie-Geflatter, verpupptes Wissen
driften durch mein Bewusstsein
das auf der Suche ist nach dem Intervall
der Lücke, dem Spalt, dem Sprung
zur Freiheit und ich spüre auf der Haut
die Sonne, endlich am Ufer verfolge ich
das geräuschvoll um den Schiffsrumpf
wirbelnde Wasser, unter dem kaum noch
erkennbaren Steven rollt sich röchelnd ein
Strudel zur Spirale ein, Plastikteile, Papier
und ein zuckender Zitronenfalter drehen
umso schneller, je näher sie dem Zentrum
kommen, dort verschwinden sie in der Tiefe
und gelangen einige Meter hinter dem Wrack
in einer pulsierenden Bewegung wieder nach
oben ins offene abfließende Wasser, kaum
noch erkennbar, immer noch zuckend
ich bin der Schmetterling
jetzt flieg doch!

       Jochen Stüsser Simpson

Arabeske

In seinem Herzen
ist Pablo ein Kind,
das lacht,
wenn es Möwen füttert.

In seinen Händen
hält Pablo das Meer
wie einen Vogel,
der südwärts fliegt
– unruhig und drängend,
die Muskeln gespannt.

In seinen Augen
trägt Pablo
den Widerschein
seiner Geliebten,
den dunklen Schimmer
des lockenden Haares,
den braunen Ton
ihrer Haut.

Salzig wie Schweiß
schmeckt die Brandung der Nacht.
Hingestreckt
wie in ein fremdes Land,
durchnässt und ergeben
flüstert Pablo
den einzigen Namen,
der sein ist,
flüstert wieder
und immer wieder
den Namen Rositas.

Brigitte Pixner

Das Samenkorn

Die Erde
gibt dem Samenkorn
was es braucht,
um zu keimen.

Der Baum
gibt dem Vogel
was er braucht,
um zu wohnen.

Die Frucht
gibt dem Tier
was es braucht,
um zu essen.

Das Samenkorn
gibt der Erde
was sie braucht,
um zu leben.

Dietmar Füssel

Lebensfarben oder:
Oben in der Ecke eine
gelbe Sonne

Wir malten unsre Kinderbilder.
Am Tisch, die Knie auf den Stühlen.
Die ungeputzten Sommersprossen-Nasen
dicht unten an den Griffelspitzen,
als würde da ein Kobold sitzen,
der heimlich flüstert, was wir malen dürfen.

Still wars in diesen fernen Stunden.
Nur Rascheln. Leises Kinderatmen.
Ich kann es tief, ganz tief noch in mir fühlen,
wie kichernd du und ich erschraken,
wenn wir an solchen Nachmittagen
gleichzeitig nach demselben Buntstift griffen.

Ein Gartenzaun aus vielen, vielen
windschief gezog'nen Kinderstrichen.
Ein Baum, mit Laub aus kringelgrünen Kreisen.
Die Vögel, gelb, mit Fernweh-Flügeln,
ein braunes Haus mit roten Ziegeln.
Und du, sanft lächelnd hinter blauen Fenstern.

Vertraute Dinge, schlichte Bilder
aus ernsten Strichen, frohen Farben.
Zitronenhell und immer hoher Sommer.
Das war'n die Welten, die wir malten,
mit langen Armen vorgehalten
so stolz und strahlend unsren Eltern schenkten.

Zu Grau verschmolzen viele Töne.

Die Sommersprossen, sie verblassten.
Doch lächeln wir heut', wenn wir uns berühren.
Und du, du wirst es immer bleiben:
Mein Mädchen hinter blauen Scheiben.
Und manchmal hören wir den Kobold flüstern.

Jürgen de Bassmann

Foto: Christian Pauli

es haftet nicht

in die zwischenräume unserer seelen
fülle ich sprechendes laub
es haftet nicht an uns
denn zwischen dir und mir
ist der wind ich bin das kleid des windes
und du bist sein lied
deine stimme klingt in die verlassenheit
unserer seelenhäuser hinein

Dorothee Krämer

gartenwiese

im sommer hatte ich die sehnsucht gesehen
sie wuchs in meinem garten
sie trug ein dünnes sommerkleid
das flatterte im wind
barfuß schlich sie
über die gartenwiese
im herbst hatte sie warme schuhe an
zwängte sich durch den morschen
gartenzaun und ging weiter bis in den winter
der winter gab ihr die hand
an seiner kalten seite
konnte ich die sehnsucht nicht
erkennen
sie hatte sich aus der kalten hand
des winters gepellt und in den frühling
gerettet

Dorothee Krämer

Windelweich im Wickelfleisch –

ein Zauberspruch für Leute, die es nicht eilig haben.

Mit der Wickelwindel
hab Windelwickel.
Im Gesichtsgewimmel
mitten im Bim-Gebimmel,
und im U-Bahn-Himmel,
auf Bahngeleisen
immer diese Windelspeisen
auf den Reisen
durch Gehäuser
Ungeheuer,
Brücken, Felder, Stahlgemäuer:
Immer wieder
Maulkorbbandelbänder.
Übergwänder.
Du sagst: Schluss!
Auf einen Kuss,
ohne Windelwickelbänder!

Denn schon stehen die Ohren ab,
beißen tun die Wickelbänder,
über drüber,
rauf und runter,
Schwedenbitter, Schweden neu,
meiner Treu,
traurig-munter!

Lieber Ludwig Feuerbach, Feuergeist
Oder wie du auch sonst noch heißt,
lieber Ludwig Übergwicht,

so steht es in deinem Gsicht,
hallo Ludwig Maskenfront, dunkelblond,
Windelbauch,
in Bausch und Bogen
gib es auf. Ende. Schnauf.

Mögen alle Wesen glücklich sein, friedvoll,
frei von Leiden.

Claudia Behrens

Foto: Christian Pauli

der blaue morgen

unter einem blätterdach
hat er vergangene stunden versteckt
in der mittagsstunde pflücke ich das grün
aus deiner zitternden hand
wir flechten kränze mit unseren sorgen
hängen sie in die fenster
an die verwitterte wetterseite
durchlässiges licht streife ich über die
träume
damit du nicht zitterst

Dorothee Krämer

Sternrippengewölbe

Rippengewölbe,
Knochenbau,
scheinbar ehern in mir.

Doch kein Baumeister
zirkelte Maße ab.

Nach genormtem Maß
steht Bein wie Stein.
Starr ragt der Rückenmarkspfeiler.

Kein Maler schmückt
das weiße Gebein mit Fresken.
Kein Elfenbeinschnitzer
löst mein Inneres
zur Skulptur.

Innen,
als ewiges Licht,
Herzblut.
Wie bei den Tieren auch.

Neu ist nur
der Bewohner der Zelle,
der Henker Zweifel,
der scharlachrot
mit dem flinken Schwert unterwegs ist.

Neu ist nur
der Teer der Gedanken,
die zähflüssig,
mittelmäßig ziehen.

Das füllt meine leeren
Räume aus,
das erfüllt mich
mit Automatenleben.

Ist alles nur
wie ein Puppentraum:
ein Schmetterlingstraum
vom ewigen Leben,
vom Fliegen,
und von der
Wunderorgel,
die tausendtönig
wahr sein könnte:
einmal.

Brigitte Pixner

Die Zartheit der Gefühle im Gewühle

Wir machen diese Welt nicht schön mit „Funktionieren".
Wir halten unsren Lebensgrund
hinter verschlossnen Türen.
Dieses überwinden, endlich anzukommen,
endlich uns zu finden!
Immer diese Angst – verständlich und berechtigt.
Was soll das wieder werden, wenn sich so ein
Ohnmächtiger selbst ermächtigt?
Der hehre Untergang ist längst tragisch gefeiert,
die Welt war mächtiger, der Mensch war gieriger,
nicht notwendig bescheiden,
nicht abgeschieden, um wirklich
beim Anderen zu bleiben.
Doch auch die Kraft dazu ist erst einzuverleiben.
Die Kraft, zuerst bei sich
und dann wirklich beim Anderen zu bleiben.
Es kann ja sein,
dass für das Leben alles egal ist,
aber wenn kein Lebendiges
ein anderes erhalten will, wird das Leben zum Tod.

Christian Wolf

lebens-zeichen

von den siegen will ich nichts wissen.

stimmzitternd
spreche ich worte,
rotkehlchenleise,
brüchige brücken zwischen
dingen und sein.
herzzitternd fühl ich
das leben
im singvogelei
und im gedicht.

Christl Greller

Die Pinsel habe ich immer bei der Hand, immer.

Die Pinsel habe ich immer bei der Hand, immer.
Und daneben meine Bleistifte.
An die klammere ich mich.
Und an meine Farben.
Ich male und schreibe mich in meine Welt hinein,
male mich auf die Wellen, ins Meer, auf die Wiese,
in den Wald, in mich hinein, aus mir heraus.

Karin Seidner

India, Foto: Christian Pauli

Erholung

Die Seele baumeln lassen
Im Wind der Freiheit
Waltraud Zechmeister

Foto: Christian Pauli

den Wurzeln

Dort hin, in das Dunkel der Wälder
Fliehst du vor Staub und Geschrei
Dort im Dunkel ist dein Versteck
Da findet dich niemand
Unter den Wurzeln der Bäume bist du zu Haus.

Wo, habe ich mich gefragt, soll ich die Kinder
verstecken?
Im Wald unter den trockenen Nadeln der Fichten
Oder in den zwiebeln der Tulpen?
Im Haus unter den Brettern der Stiege?
Oder unter den Steinen?

Denn schwarz wird der Himmel
Und drohend nähert sich mit Gebrüll die Gefahr

Kinder, kommt schnell, dort unter den Wurzeln der
Sträucher
Grab ich mit bloßen Händen ein Bett
Kommt Kinder, legt euch hinein
Mit Blumen und grünem Gras deck ich euch zu

Dort werdet ihr nicht gesehen
Dort finden euch nicht die Pfeile des Todes,
Dort habt ihr es schön und die Erde wärmt eure Füße.
Dort träumt bis ich komm euch zu wecken
Dann, wenn die Wolken schneeweiß und der Himmel
ganz blau

Eva Meloun

Mondlicht schimmert auf des Weihers Spiegel

Mondlicht schimmert auf des Weihers Spiegel,
traurig quakt ein Frosch von ferne,
menschenleer ist diese Welt.

Waltraud Zechmeister

schwarz oder weiß

Haarrisse werden zu Furchen
Furchen zu Rissen
aus Rissen werden Schluchten
es gibt keine Grauzonen
nur Schwarz oder Weiß

wo ist Zuversicht?
wo ein Miteinander?
entzünden wir das Flämmchen
Hoffnung
und lassen es atmen!
Elisabeth M. Jursa

Foto: Christian Pauli

Ein Kind

Das Bild wird Wort der Gegenwart.
Das Kind wird zum Gedanken.
Das Bild ist weit entfernt von mir.
Das Kind weist mich in Schranken.

Das Bild ist ein Moment der Zeit.
Das Kind ein Bild der Not.
Das Bild zeigt uns das laute Meer.
Das Kind ist leise tot.

Markus Jäger

Foto: Christian Pauli

der mensch grenzt

der mensch grenzt   an

begrenzt sich

wagt es kaum über

hinaus an ufer

von sand aus licht

ohne weg

wo meer am horizont

weht   glas

weit mehr innen

der mensch

käme an

spurlos
Barbara Kuhness

Elemente

Es brennt ein Feuer
mit gelben Flammen
alles verändernd
und heiß.

Es fließt ein Wasser,
schneegeboren,
hinab in das Tal,
glättend und kühl.

Es weht ein Wind
über das Land,
berührend und flüchtig
wie Zeit.

Es steht ein Stein
auf einem Hügel,
quadratisch,
mit Zeichen versehen.

Es brennt das Feuer,
es kühlt das Wasser,
es weht der Wind
über den Stein.

Dietmar Füssel

Ein versunknes Paradies

Geborgen in mir ein versunknes Paradies:
Mein endlos schwarzer Garten
Jenseits der Welt und sehnsuchtsdurchflutet bei Nacht
Hier, nur hier ist der Ort:
Hier siehst du Feuerflüsse fließen
Und mein Boot schwimmt suchend durch ihr Herz –
beinah verbrannt, und doch...

Mein endlos schwarzer Garten: Zuhause
für die Vögel aus dem Mond
Singen Lieder für mich, tiefblaue Melodien
Und die schneebedeckten Sterne
sprengen Löcher in das Schwarz
Mein Garten –
er kennt dein Geheimnis und wird es hüten in
Ewigkeiten fort

Tief verwurzelt in meines schwarzen Gartens
Erdenreich, mich wiegend
Der Baum der tausend Ohren, der jede Klage kennt
Die Gräser flechten Leitern
in den träumend weiten Himmel
Und mein Garten steigt empor –
legt sich nieder in dein trunkenes Haar und weint

Ilona Daniela Weigel (-Benning)

Seelenvögel

Seelen sind Vögel
Vögel verzaubern Seelen

Seelen sind Gärten
Gärten verzaubern Seelen

Sind Vögel Seelen
Verzaubern Seelen Gärten

Sind Gärten Seelen
Verzaubern Seelen Vögel

Sind Seelen Vögel
Verzaubern Gärten Seelen

Sind Seelen Gärten
Verzaubern Vögel Seelen

Ilona Daniela Weigel (-Benning)

Akrostichon: Traumwelten

Trunkenes wogendes Herz
Regendurchflutet die Täler des Ich
Atemzüge sind Atemtanz
Unberührt: tröstender Traum so tief im Traum
Meere der Sehnsucht in Purpur getaucht
Weinende Welt
Einst in die Tiefen der Farben gestürzt
Leuchtende Tränen erhellen das All
Taumelnde Seele
Ergriffen dich suchend
Nacht für Nacht und dann...

Ilona Daniela Weigel (-Benning)

Die Zeit

Die Zeit ist gekommen,
aufzustehen aus der Asche
wie ein Feuer aus dem Himmel,
wie ein Blitz aus der Erde,
wie der große Tanz der Sterne...

Die Zeit ist erschienen
wie ein Bote auf dem Gipfel,
der hinter sich die Dämmerung weiß,
der die Sonne mit sich bringt
und die Verheißung des Tages...

Die Zeit ist erkoren,
das Herz zu befreien,
die Essenz des Lebens,
dem Hauch des Himmels zu horchen
und dem Stöhnen der Erde...

Mario Kern

Sternenregen

Die Sterne tropfen vom Himmel
und regnen sanft in meine Stirn,
die Nacht wird glühend weit,
die Dunkelheit verblasst
und mein Lächeln dämmert...

Ich schließe leise meine Augen
und ein Licht frohlockt in mir,
wenn tausend Flammen flackern,
wenn tausend Lichter glitzern
und tausend Himmel mich umarmen...

Am Firmament ganz weit in mir,
tief hinter meinen Lidern,
ziehen die Sterne ihre Bahnen
und umkreisen selig meine Brust,
verliebt und im Traum versunken...

Ich öffne still meine Augen
und weit oben über mir
tropft der letzte Stern herab,
fällt wie Regen in meine Hand
und wie ein Himmel in mein Herz...

Mario Kern

In meinem Himmel

In meinem Himmel sind Heerscharen des Lichts
und Flammenmeere sind in meiner Erde,
feurig züngeln sie nach meinen Füßen,
wenn der große Herzschlag unter mir
heiße Wellen mir entgegen trägt...

Sie hören nicht auf, sie gehen über mich hinaus,
fließen auf verborgenen Pfaden himmelwärts,
wo das Licht sorgsam nach unten tropft,
in meinen Scheitel, meine Stirn, meine Kehle
und wie gleißendes Harz aus meinen Sohlen perlt...

Dann umhüllen sie mich wie eine Sonne,
die ihre Quelle in meinem Herzen hat,
das endlose Füllhorn aller Güte und Kraft,
das ewige Miteinander von Himmel und Erde,
die heilige Hochzeit von Feuer und Licht...

Mario Kern

Winter

Was soll man noch schreiben über den Schnee
der die Böschungen, Gullys verfärbt
die Zitterpappeln, die Trauerweiden tröstlich umfängt
Der Schnee ist kindisch, kitzelt, streichelt die Wangen
will verzaubern. Das Weiße ist weise, genügsam,
es ist die Unschuld, die Entschuldigung für das Düstere,

für die noch nicht erfundenen Farben, es liegt
aufgeschlagen
vor dir wie das Land, das du vielleicht liebst
Das Gesicht des Mannes, der im Fieber
über das Giebeldach will, wird erhellt und wir
haben Augen nur für das himmlische Spiel

Was noch schreiben von dem windversprühten Blau
den weißen Raben
wo träumen sie sich hin oder lugen sie nur
aus einem Bilderbuch, vom Winterpeitschen verschont
den wunden Krähen beneidet
Nachsicht der Stunde, lichttiefe Töne werde ich
einmengen
und was sich nicht hineinfügt übermalen
Es wird flittern wie die stille Nacht in der Krippe

An so einem flockigen feinüberzuckerten Tag
versöhnt man sich mit der Welt
Man könnte schreiben vom Schneevermächtnis:
auftauchen, auftauen und bleiben im Gedächtnis

Irena Habalik

Fieberträume

Ich kratze am Lack gelebter Jahre.
Lege goldstaubgefüllte Rillen frei,
die sich wie Abgründe durchs Erinnern ziehen.

Dazwischen klafft das Schweigen,
auf dessen Grunde sich uralte Tränen stauen.
Im Hohlraum zwischen Geträumt und Gelebt,
Geglaubt und Gezweifelt.
Nie erreichte Ufer, an denen Königskinder spielen.
Die nichts gelernt, außer Träumen.
Und Warten.

Vergangenes flutet das müde Herz.
Wie beengt es sich doch träumt,
mit der Sehnsucht und mir in einem Raum.
Und dem Pochen der Zeit an den
schmerzenden Schläfen.
Kannst du dich bitte leise hinzuträumen?
Denn du machst alles weit und hell.

Wie diesen Raum meiner Kindheit,
in dem es nach Kamille und Thymian duftet.
Mit schneebedeckten Feldern hinter
beschlagenen Scheiben
und Kinderliedern zwischen Rillen in Vinyl.
Ob man mich dorthin zurücktragen wird,
wenn ich falle?
Vielleicht wartest du dort?
Träumend.

Windkind

Heimkehr

Langsam sinkst du ins Gras
Träumend umringt dich Erinnerung
Tiefer fallend, bedeckt nun vom Schlaf
Siehst du dich himmelwärts fliegen

Eva Meloun

Foto: Christian Pauli

Vom geheimen Wissen

Ihr - Hüter der Gesetze und Worte
Wollt, dass wir euch hören!

Dachtest du denn das Wissen wäre geheim?

So wie der Bach in kleinen Wellen
über die Steine springt
Silbern und glänzend
Liegen Botschaften auf Straßen und Wegen
Spiegeln sich tausendfach in den Pfützen
Und wehen zwischen den Blättern der Birken.
Im Summen über den Sommerwiesen
hörst du das Atmen
Der unendlichen Zeit

Schau in die Augen der Kinder,
Erstaunt und beglückt sehn sie die Wunder.

Des Nachts im Strahlen der Sterne
Hast auch du die Botschaft gespürt.

Eva Meloun

Ein Atemzug vor Wintereinbruch

November.
Weiße Nebelstreifen liegen über Tälern
Stumm, nachtgeboren
Von Fichtenwipfeln durchstoßen
Schattenwand des Kammspitz
Mit erstem Schnee gekrönt
Blickt stumm empor zum vollen Mond
Über mir das satte Licht des Morgensterns
Hausdächer gleich Figuren eines Schattentheaters
Luft tanzt um den Gefrierpunkt
Nah, so nah
Das befreite Rauschen der Salza.

Zuckender Kerzenschein am Fensterbrett
Kündet vom zärtlichen, wachsamen Atem der Ahnen.

Michael Benaglio

Liebendes Wort

Jetzt, hier
Im Schatten von diesem sichtbaren Licht
Erträume ich-Liebe oder Sprache
Diesem Durst nach Worten
Der aus unzähligen Sternen einer Zunge spricht
Glänzende Augen-du zärtliches Herz!
Das pocht wie Erinnern und ruft wie die Luft
Sanfte Stimme
Die jede Zeit des Lebens erklärt:
Ein papierener Vogel, sprudelnd wie Wasser in meiner
Brust, als Augen den Moment der
Sehnsucht erzittern, sagt:
‚Du bist schön wie mein Teich'!
Ein papierener Vogel, glühend wie Atem in meiner
Brust, als keine Flamme im Augenblick
mehr erlischt, sagt:
‚Du bist schön wie der liebliche Teich, der in meiner
Landschaft versinkt'!
Ein papierener Vogel, spiegelt liebende Herzen im
Blick, der nichts mehr vergessen kann,
sagt:
‚Du bist schön, wie der Widerwille des Teiches gegen
eine zügellos freie Landschaft'!
Hier, im diesem durchdringenden Licht
Träume ich Leben
Erträume von dir getragen
Wärme oder Nähe
Da fragt mein Herz
Will wissen wie meine haltende Hand:
Wie ist das denn oder umgekehrt
Mit uns beiden?
‚Blick, du bist mein, du meine liebenden Worte hältst'

Also wirklich
Was soll der Vogel im Himmel-dazu noch sagen?
/
In der Nacht ziehen sich alle Vögel in ein anderes
Land zurück
Um dem nächsten Tag ihre Liebe zu bringen.

an meinen Bruder Bernd

Rudolf Krieger

Gedanken am Fluss

Der Duft vom nahen Rosengarten
verweht im Tosen, im Krieg der Welt
(nicht mehr fern dem Lärm meiner Kindheit)
kriechen die Blumen unter die Erde
starre Halme – sonst nichts
fallen die Vögel vom Himmel herab
glotzen die Fische mit toten Augen
nach oben

Allein – vor dem Fenster
kein Stern, nicht einer am Himmel
doch verkrochen zwischen dem Bäumen
die Mondsichel
zarte Spiegelung auf dem Wasser
ein einzelnes Blatt in sanftem Kreisen
treib ich mit ihm und
versinke ich aufs Neue
in der Schönheit der Welt

Karin Schreiber, Freising

Nachtherz

durch meine Schale
ungebrochen
fluten 365 Monde

kein taktloses Klopfen
mehr
vielmehr
ein kosmisches Rauschen

und mein Nachtherz
still
wird hellhörig
Claudia Dvoracek Iby

Foto: Christian Pauli

Es ist Zeit

Das Stille Kind in dir
spricht unerwartet
erste Worte -
so sanft
in deiner höchsten Stunde

Und denkt dich hinaus
zu Baum und Fluss
und lässt dich
durchfluten
mit Licht und Wärme

‚Es ist Zeit'
spricht es wieder
so sanft in dir -
und kein Staub liegt mehr
auf deiner Seele

Claudia Dvoracek Iby

Frischer Atem

Vor der Reinkarnation
durch die Ankleidehallen des Kosmos geführt.
Noch nichts als eine blicklos-leere
Lehm-Schaufensterpuppe.
„Welchen Anzug willst Du denn diesmal!?",
fragt der Unendliche,
der himmlische Forscher mit dem Janusgesicht.
Sieht mich prüfend an, blickt durch mich hindurch.
Weltkostüme gleiten vorüber.
„Ich weiß nicht recht!", antworte ich kleinlaut:
„Am liebsten bliebe ich hier."
„Unmöglich!" Und mit dieser Verweigerung
wirft mir der Vollkommene,
einen glänzend neuen,
grünen Lebensdress zu, der ist,
da er sich anpasst, wie maßgeschneidert.
Eigentlich müsste ich staunen,
aber ich kenne die Prozedur schon!
„Ich mag Dich!", flüstert die Hülle mir zu.
„Mag schon sein!", gebe ich zweideutig zurück.
Weiß, es bleibt mir nichts übrig,

als mit diesem Overall durch Dick und Dünn zu gehen.
Da breitet sich grünflügelig schon die Aura aus,
durchdringt mich kraftvoll frischer Atem.
Der Weltall-Meister stupst mich, ich falle,
falle vom Balkon des Himmels!
„Vergiss nur nicht zu lieben!",
ruft mir der Vollkommene nach.

Brigitte Pixner

Die dies finden seien von uns gegrüßt

Die dies finden, habt ihr gesagt, seien gegrüßt!
Von uns gegrüßt, die wir wohnen zwischen den Dingen

Hört unsere Stimmen flüsterten sie
Hört sie im Licht des Morgens
Das kühl über eure Augen fließt
Hört uns in der zitternden Luft über den Feldern
In der Hitze des Mittags
Und im leisen Rauschen der Blätter Im Abendwind
Hört sie im der der Stille der Nacht
dort in der Einsamkeit

Eva Meloun

Vom Glück der Sekunde

Still steht der Birnbaum im Garten
Vom Kirschbaum rinnt das Harz
Wie Bernstein Braun und Gold
Ein Apfel liegt im warmen Gras
Weich liegt der Nachmittag auf grünen Wiesen

Schau hinauf - über den Kronen der Bäume
leuchtet es blau
Dort flüstern die Stimmen aus dem Reich des Verstehens

Eva Meloun

Weinanbau auf Lanzarote , Foto: Tanja Zimmermann

Bilder im Horizont

Dem Gesang der Zikaden
beugen sich die Worte
im Wind schaukeln
Äste der Olivenbäume
mit ihrem satten Grün
malen Blätter Bilder
in den Horizont im tiefen Wissen
dass Erinnerung
den Jahreszeiten trotzt und
der tiefsten Nacht Augen gibt,
die das Dunkle überwinden
wenn ich in Transparenz
durch die Sonnen blicke.

Lieselotte Stiegler

C. Schöner, Toskana

Echo des Windes

Durch den Strudel der Zeiten
trägt mich der Wind
auf bunten Blättern fliegen
Träume gegen den Winter
aus Wolkenrändern tropft das Harz
wenn nackte Äste an
den Horizonten kratzen
In den Strudel der Zeiten
bricht sich ein Strahl der Sonne
Wärme flutet über
meine geöffneten Hände
das Echo des Windes trägt mich
durch die Dunkelheit
bis die Zeit zum Leben wird.

Lieselotte Stiegler

Ein Sämann ging hinaus aufs Feld...

Aus dem Evangelium nach Lukas

Ein Sämann ging hinaus aufs Feld,
in Freude sieht er schon,
den Samen hat er gut gewählt,
er sieht bereits den Lohn.

Doch manches Korn fiel auf den Weg,
verkümmerte dann dort,
und manches Korn fiel auf den Steg,
der Wind trug es dann fort.

Und manche Saat auf Felsen fiel,
sie ging ganz kurz nur auf,
zu bald das Wasser sich verlief,
strömt nicht den Halm hinauf.

Auf Dornen auch manch Samen fiel,
im Dorngestrüpp er lag,
gefangen nun und ohne Ziel,
verwuchs sich sein Ertrag.

Doch auf dem großen, weiten Feld,
auch gute Erde liegt,
die viele Samen auch erhält,
in ihnen Keimung siegt.

Ernährt von Wasser und von Licht,
mit starken Wurzeln dann,
der Halm dann nicht im Winde bricht,
und Früchte tragen kann.

Und nun der Sämann dann erzählt,
wie glücklich er jetzt ist,
er hat den Samen gut gewählt,
aus ihm der Lohn erprießt.

Und daraus er sein Glück erbaut,
und weiterhin bedenkt,
er gut auf seine Erde schaut,
sie ihm ja Früchte schenkt.

Ein Sämann ging hinaus aufs Feld...

Ingonda Lehner

Spanne deine Arme

Spanne deine Arme
weit
fang das Sonnenlicht
und auch die Sterne
trage sanftes Leben
auf der Stirn
fasse Ungebor'nes
wenn es wie ein Windschiff flieht
schütze es
bis seine Säfte reifen.
Halte das Glück
bevor es durstig wird
und den Schmerz
üb im Geheimen.
Knie nieder
wenn ein Beil dich fällt
und blick auf
wenn andre weinen.
Schenke Götter her
(sie werden's danken)
lass den Kleinsten
oft den Größten sein.
Dann bist du reich
und hast dein Herz
gefunden.

Hilde Schmölzer

Danach

Rauchende Erde
verbranntes Gras
In großen Kreisen
raschelt Laub
und zerfällt
Mich zieht es hinein
in den mittleren Ring
Barfuß tanze ich
leicht und beseligt
Runde um Runde
in lauwarmer Asche

Birgit Rietzler

indischer Rotfeuerfisch, Druckgrafik, Claudius Schöner

Ich male dir Bienen Libellen Käfer

Ich male dir Bienen Libellen Käfer
hörst du wie sie summen brummen
Halme Stängel male ich, hörst du wie sie zittern
von den Erdstrahlen leicht getroffen
Das Feld male ich in Altgelb. Der Sommer trägt es
schwer am Rücken, lädt es aus vor deinen Füßen
dick trage ich die Farben auf
sie dringen zu den Wurzeln, vermischen sich,
verwurzeln
und die Farben wechseln die Farben, wachsen
sprießen zum Leben,
das Leben ist Farben atmen, fühlen
Kein Messer kann sie wegkratzen
Wenn einmal ein Gerüst da -
Das Bild wird dir summen, rauschen
Hörst du es schon?
Das Bild, das Feld so nahe an dir, so tief mit dir
verwachsen und du noch immer klein
mit den nackten Füßen im rötlich warmen Staub

Irena Habalik

Abendlied

Als der Tag ging
trank ich den Himmel
kostete sein Feuer
badete in Licht

Als die Nacht kam
atmete ich den Mond
benetzte mich mit Sternen
schmiegte ich mich in
die Dunkelheit

Kaia Rose

Herbstspirale

Die Herbstspirale
hat begonnen.
Der Eichelhäher
schreit im Wald.

Die ersten Felder
sind geerntet.
Das Wasser der Seen
wird kälter.

Die Schwalben
versammeln sich.
Die Spinnen
fliegen davon.

Die Nächte
sind kühl geworden,
und du deckst mich zu,
wenn ich friere.

Dietmar Füssel

Jedes Kind sucht mal nach Schätzen...

Mit dem Himmelreich ist es wie mit einem Schatz, der in einem Acker vergraben war. Ein Mann entdeckte ihn, grub ihn aber wieder ein. Und in seiner Freude verkaufte er alles, was er besaß und kaufte den Acker.

(nach Matthäus)

Jedes Kind sucht mal nach Schätzen,
und gräbt manche Erde um,
findet Stückchen, Scherben, Fetzen,
und zeigt dann den Fund herum.

Ach, das ist nichts, sagen alle,
gräbst ja nur im Müll herum,
spiel doch lieber mit dem Balle,
dieses Suchen ist doch dumm.

Doch das Kind gräbt dennoch weiter,
macht es, bis es größer wird,
und die Suche wird dann breiter,
es sich darin oft verliert.

Und nun wird das Kind erwachsen,
seltener jetzt suchend ist,
und nicht mehr liegt jetzt im Wachsen,
auf die Suche dann vergisst.

Seine Arbeit wurde stärker,
nicht mehr gräbt zum Spaß herum,
und das Leben war jetzt härter,
und die Suche blieb jetzt stumm.

Und im Auftrag umzugraben,
auf dem Feld die Arbeit rief,
tief sich jetzt die Furchen graben,
er grub mächtig und ganz tief.

Doch ganz plötzlich stößt das Eisen,
stößt auf etwas Fremdes an,
kann der Zufall nun beweisen,
und ein Schatz, oh Gott, er dann...

Und er sieht ins Loch hinunter,
und was er dort nun erschaut,
wird das Kind in ihm jetzt munter,
es sich wieder neu erbaut...

Und er kann sich wirklich preisen,
schüttet Erde in das Loch,
und in ihm Gedanken kreisen,
wie kommt er zu diesem Joch?

Er könnt alles ja verkaufen,
denkt er einfach vor sich hin,
dann könnt er das Grundstück kaufen,
diese Erde ist für ihn.

Und der Schatz war wirklich prächtig,
und der Mann, er wurde reich,
denn der Fund war groß und mächtig,
er fand ja sein Himmelreich.

Ingonda Lehner

Wechselsinn

Stummer Mund.
Aber das Herz
atmet.
Denkt nicht,
fühlt nicht;
ist der Wurm,
der die Erde frisst.
Ist die Urne voll
blutaufgeschichteten Staubes.
Herzlaub fällt.
Herzwind singt.
Es blüht
der Mandelbaum.
Und neu aus Rosengewölk
steigen die Götter.

Brigitte Pixner

Frühling, großer Aufersteher

Frühling, großer Aufersteher
Wissender ums wieder Werden,
um das Neu aus alten Erden,
um das Wachsen und das Blühen,
nimmst die Angst uns vorm Verglühen,
Frühling, ewig weiser Seher.

Welf Ortbauer

Foto: Christian Pauli

Liebe über den Wolken

Max ist seit heut' verschossen –
in ein paar Sommersprossen
Die süß und wie die Sterne schön –
um ein gar liebes Naserl stehn;
Von weizenblondem Haar bedacht –
und hellem Augenpaar bewacht,
In deren Graublau er möcht' sinken –
und ohne Gegenwehr ertrinken.

Ganz arglos, morgens um halb sieben –
hat Max die Lufthansa bestiegen
Und, weil ihm vor dem Fliegen bangt –
zur Pille ein Getränk verlangt.
Die Dose reicht ihm lächelnd hin –
die hübsche Flugbegleiterin,
Ein Mädchen wie der junge Tag –
da traf es Max wie Donnerschlag:

Er schluckt und dankt und schaut zurück –
ein Knistern kam in seinen Blick
Sie fragt geübt (und lächelt fein) –
„Sie werden doch nicht ängstlich sein?"
„Ja, doch der Job läßt keine Wahl –
ich flieg seit Jahren nur mit Qual
Doch seit ich Sie gesprochen –
ist wohl der Bann gebrochen!"

Den ganzen Flug ist Max verklärt –
er hält die Zeitung gar verkehrt
Sie hat es schmunzelnd registriert –
als sie den zweiten Drink serviert.
Er dankt und strahlt ganz wie ein Kind –

das unter'm Baum den Teddy find't.
Da spricht auch schon der Kapitän: -
„Wir landen bald, auf Wiederseh'n!"

„Wie sag ich ihr's? Jetzt, Maxi, denk –
denn nach der Landung wird es eng!
Wär' doch sehr peinlich, vor den Leuten –
mein Seelenleben auszubreiten."
Die Menschen drängen durch den Gang –
Max aber wird die Zeit nicht lang,
Er stellt sich so, als ob er schliefe –
und hörte nicht, daß man ihn riefe.

Und er erreicht mit dieser List –
dass Sie zu ihm gelaufen ist.
„Ich bitte Sie, nicht bös' zu sein –
mir fiel so schnell nichts and'res ein.
Wer mutig ist, greift nach den Sternen –
ich möchte' Sie gerne kennenlernen.
Hier bitte, meine beiden Karten. –
Ich werd' auf Ihren Anruf warten!"

Sie nimmt sie scheu, mit tiefem Blick –
und lässt den Max verwirrt zurück
In zagem Hoffen, süßem Bangen –
so hat die Sache angefangen.

Robert Müller

Wie alles Leichte

Für eine Weile war da ein Zimmer das nach gelesenen
Versen roch und roch nach dem Staub war
vergessen die Welt
war da ein Bett
zwei Fenster die sich öffneten morgens
dem Anblick des kleinen aufragenden Bergs
seinem Mischwald der abends die Sonne aufnahm

Und wie schön war das Wissen und dass man
am Rande war
wo ein Winken war in Fichten ein Locken im Moos
wo man singt wo man summt vor sich hin summt
als Gang

Wie hat es zu tun mit dem Duft einer Stunde
ihrem Zittern Verzittern mit dem Amselgesang
wie Zweige wie Strahlen eines anderen Lichts
das zu brechen gewesen wäre mit einem Blinzeln

wie alles Leichte wie Blüten der Birnen ihr Staub
wie Wolken wie Hingesagtes vor einem Gewitter
vielleicht

Jonathan Perry

Morgenatem

langsam hebt
die Sonne sich.über
des waldes
morgen
schweigen.feen
schleier hängen.struppig
es Geäst.von
ihm fallen silbern
tropfen.tränen.feen
beweinen das
schwinden von
nacht.tanzten
auf der hochzeit
.der mond sich
vermählt mit
der Königin der
dunkelheit.bemooste Steine
zwischen.laub
.auch sie scheinen
zu weinen.sanft
berührt sie
ein Sonnenstrahl.da
ist es als ob
sie lächeln

Ingrid Hoffmann

Gedächtnis

Ich kenne ein Lied, es bewacht die Geschichte
der Welt, hält sich zitternd an Land.
Abends singen sie aus den Zeitungen,
es knistert und raschelt zum Glockenklang.
Einer Seeschwalbe hat es gehört,
doch sie stieß es ab
mit dem Schnabel
und ließ es am Strand.

Ich höre ein Lied, es zählte die Schuhe
der Männer, wenn einer fehlte,
verlor es den Ton.

Sigune Schnabel

Bindu Y. UMA, © Bindu Art School

Kindheit VI

Wenn ich groß bin,
will ich ein Eichhörnchen sein.
Mein Versteck werde ich
niemandem zeigen.

Heute bleibe ich
Kind, weil ich spielen will.
Nicht weit von hier ruht versteinertes Leben.
Von der Welt wurde es
in die Dinge gepresst.
Sei nicht traurig,
wenn sie dir Kleider stehlen
oder ein Stück Fell.
Ich kann dir neues erfinden.

Sigune Schnabel

Zerfrorene Fußstapfen

die zerfrorenen fußstapfen
sind wieder wiese geworden
und weiches wachsen überzieht die welt.
der frühling hat hand angelegt
und verpasst uns ungeahnte bilder
zerwühlt unsere seelen
zerknittert unsere nachmittage
weckt uns mit fernwehtrunkenem wind ...
ach frühling
verschone uns nicht
gib uns alten knackern neuen stoff
und jag uns durch die welt -
über die ewigsten jagdgründe
weit hinaus!

+++

zum abschied
stünde ich in den steigbügeln
und flöge eine schnelle kehre
auf meinem wiehernden hengst
und höbe die hand
und verschwände in jubelndem staub
mähnenzerwirbelt sonnenzerglüht
für immer und nie mehr ...

Peter Sonnbichler

Vom Baum des Ewigen dürft ihr kosten

Vom Baum des Ewigen dürft ihr kosten, jedoch waren euch nicht auch die Früchte der Illusion ein guter Lehrer?

Wie solltet ihr sonst erkennen, welche Nahrung euch die wertvollste und edelste ist?

Somit erkennt, dass es dort, wo alles entsteht, kein Gut und Böse gibt, kein Richtig oder Falsch existiert.

Es gibt nur diesen einen Baum des Ewigen und seine Früchte an uns.

2.

Im Garten der Formen stehen die Bäume der Archetypen.

Majestätisch und voller Anmut, scheinen sie mit ihrem Glanz bis tief in die Sphären der diesseitigen Welt.

So ist in allem stets das Wundervollste verborgen, selbst wenn es sich dem Auge des Betrachters entzieht.

In unserem Herzen ist stets das Bild der Archetypen immanent, zu dem wir uns aufschwingen können, unabhängig von Zeit und Raum, um zu erblühen zur schönsten der noch nie erdachten Ideen, zur größten der noch nie erlebten Erfahrungen.

Ralph Valenteano

Über-Leben

Nie sich zu verlieren,
nie ein Teil zu werden,
immer ein Sinn zu bleiben.
Ein Sinn für sich selbst
und einander –
ein Sinn dieser Menschen,
des Lebens,
der Augen, die sich erstrecken –
sichtweit – Überleben zu sehen,
gipfelweit und natürlich verschneit –
Über-Leben!
Denn Spuren hinterlassen
genügt für einander – Spuren –
so flüchtig im Schnee – doch
gemeinsam im Schnee dieser Zeit
über dem Wolkenmeer der Welt.

Christian Wolf

Der Stern von Bethlehem

Der Stern von Bethlehem
leuchtet in die Herzen der Menschen,
die in Frieden und Liebe entbrennen
füreinenaner und für die Welt

Waltraud Zechmeister

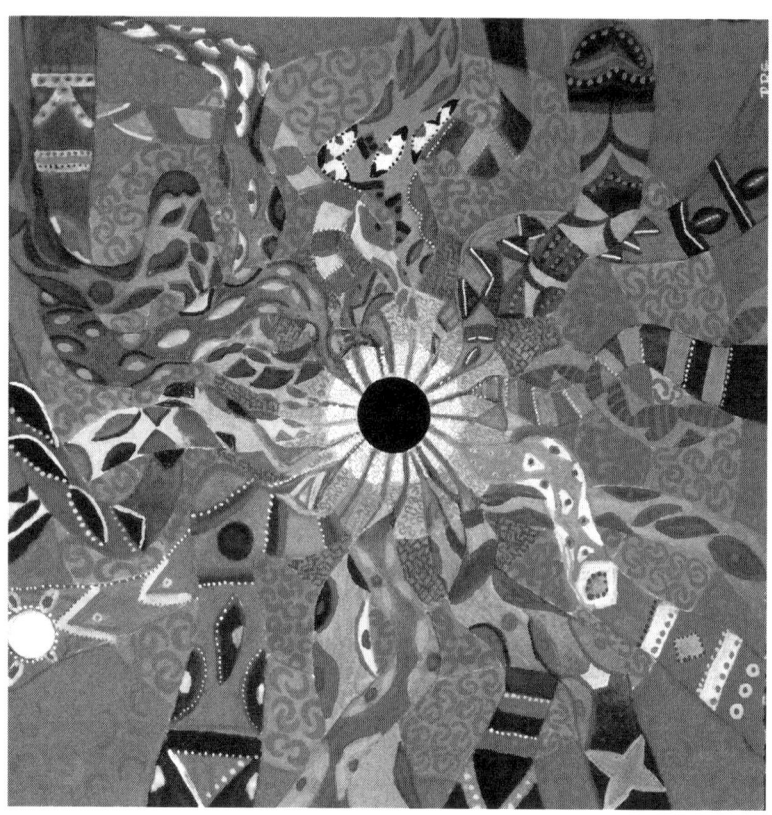

Bindu ESWARAN, © Bindu Art School

...und in dir die ganze Welt

unendliches Blau in deinen Augen
weit geöffnet das goldene Tor
das nie verschlossen war
bin jetzt bereit es zu sehen
die Größe zu schauen
die alles ist und
nichts und alles ermöglicht

mich sehen lässt
dein Licht und deine Liebe
mich ahnen lässt
die Weite allen Seins
die Fülle aller Möglichkeiten
die Freude Teil von all dem zu sein
bedingungslos angenommen
mich in dir zu finden

Foto: Christian Pauli

vertrauen können
auf das Leben
und alles was ist
spiegeln und weitergeben
das Wissen um Hell und Dunkel
dass Klarheit Schatten durchlichtet
Freude dem Nebel Glanz verleiht
Ruhe etwas in Schwung bringen kann

mich finden
in der Begegnung mit dir
unendliche Energie schauen
die Nacht leuchten sehen
und ahnen
dass mein kleines Feuer
Großes bewegt

Elisabeth M. Jursa

Elysium

Wo der Himmel
die Erde küsst
und die Unendlichkeit
dem Augenblick die Hand reicht

Wo Licht und Schatten
in engem Tanz verschmelzen
und Wasser dasselbe ist
wie Luft

Wo Leben das Eis durchströmt
und Feuer das Leben
und ein Zauber ganz leise
die Blätter bewegt

Dort will ich innehalten
die Magie spüren
und ganz bei mir sein
und ganz bei dir

Kaia Rose

Kein Gegenteil

Ich bin Freude, auch wenn ich Trauer fühle
Ich bin Licht, trotz der Dunkelheit und Kühle

Bin direkt genährt aus der Quelle
trau auch du dich über die Schwelle

Schau in meine Augen, schau in mein Herz
lass ihn gehen - unsren durchlebten Schmerz

Niemand ist schuldig - diese Codes sind wir los
Wir erkennen: Im Innern sind wir ganz groß

Konsequent sagen wir Nein zu dem, was Leid bringt
verbinden uns mit allem, was wie wir schwingt

Denn wenn wir unsren Fokus gegen sie richten
dann boostern wir sie, die Unlichten

Also schau in den Spiegel und tanz mit mir
sieh, auch ich bin Pflanze, Fels und Tier

Aus der Stille kommt meine ganze Kraft
die Wunder um Wunder hier erschafft

Wir sind Schönheit und Kreativität pur
auch Frieden ist unsere Natur

Drum halt nicht fest an dem System, dem alten
Es war nur da, um die Menschen zu spalten

Mach aus dir ja keine Nummer
das verschafft bloß riesen Kummer

Ich muss nicht raus aus dem System
ich habe damit kein Problem

ich war nie drin
ich lebe - bin!

Du bist, wir sind: alle miteinander verbunden
die unnatürliche Trennung - sie ist verschwunden

Und schon ist das System nicht mehr in dir
und du wachst auf, erwachst im Jetzt und Hier

beginnst dich zu erinnern, wieder zu träumen
unterstützt von Riesen, Elfen und Bäumen

Komm, gib mir die Hand und träum mit mir
träum deine höchste Vision von dir

Ich bin die Realität, die ich erträume
gemeinsam erschaffen wir uns Wunderräume

Bewusst in Naturgesetze eingebunden
heilt verkörperte Liebe Wunden

Du kannst Goldenes Zeitalter dazu sagen
Worte sind egal. Willst du die Freiheit wagen?

Darum gehts. Das ist das Einzige, das zählt
und es ist allein deine Frequenz, die wählt

Gott war nur ein Programm - wir sind die
Schöpferwesen
Hast du das erkannt, ist die Welt um dich genesen

Gemeinsam bringen wir den Himmel auf die Erde
Wir selbst sind das Gebet - Es werde!

Zusammen bilden wir ein Netz aus Licht
bis es für jeden hier ist in Sicht

Unsere Regierung sind die Flüsse
Auch das Meer liebt uns und wir seine Küsse

Du weißt: Mutter Erde ist dein Zuhaus
Dafür bekommst du kosmischen Applaus

Vertrau deinem Sternengewand
Dann baust du bestimmt nicht auf Sand

Du bist hier für dein Meisterstück
Ja, du bist unendliches Glück

Bist gekommen, um die Erde wachzuküssen
denn du und ich - wir wissen:

Wahrheit kann niemals untergehen:
Wir werden die zweite Sonne aufgeh'n sehen

Dagmar Fischer

die wilden blumen stehen mir am nächsten

die wilden blumen stehen mir am nächsten
weil sie für sich selbst stehen
die pflege der menschen nicht brauchen
und auf hartem boden
fragile blüten treiben.
ihre schönheit ist ein geschenk für jeden
der sie sieht.
wilde blumen
von wo ihr das leben nehmt
nehme ich meines auch.
wilde blumen
wie wenig ihr mich braucht
so sehr will ich euer bruder sein.

Peter Sonnbichler

Wahrheitsfindung

Erinnerung
zeichnet mir fremd
Gesehenes und Ersehntes.

Ratlos stehe ich,
ausgesetzt,
ausgeliefert und abgespeist
vor dem Trugbild,
das sich nicht trügen lässt.

Ihren eigenen Wegen
folgt gleitend die Zeit.
Erinnern schnitzt
gewaltige Säulen,
ritzt klein hinein
Tiere und Mensch,
Tagwerk und Nacht,
krönt schließlich ihr Werk
mit Gebälk aus Akanthus.

Golden,
mit schimmerndem Mosaik,
deckt sich die Wand.
Träume schlängeln
den glimmenden Leib.

Zerstreut über die Hügel
liegen die Schlüssel,
die keiner mehr findet.

Da lege ich,
schweigsam geworden,

mein weißes Gewand an,
ohne Schmuck
das Kleid des Vergessens,
klage der ersten
Wahrheit nicht nach.

Denn,
wenn mit flammendem Mund
das Orakel der Sonne erst aufgeht,
ist kein Schlüssel mehr möglich,
gibt keine Rede mehr Aufschluss,
kein Buch.
Versprengt sich
mit heiligem Licht
eine bessere Wahrheit.
Schöpft triumphierend
aus gewaltigen Speichern
der Geist
sein höheres Ebenbild.

Brigitte Pixner

Die Bitte

Herr, lass vom Saum
des Sternenmantels,
der dir Gekröntem
von den Schultern fällt,
den kleinsten Stern,
wenn er zur Erde sinkt,
als Zeichen deiner Gnade mir
und Licht für meinen Weg.
Denn all die Lampen,
sieh, die taugen nichts.

Ilse Viktoria Bösze

S Krishnamurti, © Bindu Art School

Die sieben Gärten der Seele

Zum ersten, dem mit dem roten Türchen,
(vor dem eine grantige Rosenhecke wacht)
führen Gänseblumenpfade, am Rande der Wildwechsel;
die Sterne benutzen ihn, bei Vollmond mag man
das Türchen durch das Dornengestrüpp blinken sehen.
Viele versteigen sich auf den Ziegenpfaden
die zu stets steileren Wänden des Vulkans führen,
dann brodelt Wut, gischt Gier,
tropft Zorn zähflüssig herab.
Manch Weide liegt leer und verwüstet.
Allein, es mag Erleichterung verschaffen
zur Oase der Erschöpfung leiten, nicht mehr beständig
in der Schwebe zwischen Himmel und Hölle
in der man allzeit silbern glänzen muss,
im Mosaik der Zahlenreihen.
Einziger sein müssen, bester, allein,
zerbrochen, zerbröckelnd, verbrannt.
In der Stille (nur wenn man die eigenen Stacheln und
Kanten erkennt)
vermeint man dann die roten Früchte im Garten
zu erspähen, wie aus den Augenwinkeln
(durchs Dickicht der toten Worte hindurch).
Fokussiert man die heiligen Kirschen,
lösen sie sich in Illusion,
betritt man erneut den Raum des Hasses und der Angst
werden die Raben wieder zu Feinden, die Bäume
die Faune und das gesamte Märchengeschlecht.
Die Erde scheint dreckig, die Gier frisst die Augen
die leichteste Erschütterung führt zum Ausbruch
die Lava verschlingt den Mond, Haare, das Lachen
das nicht von oben herab hohnvoll erschallt.

Den roten Garten betritt man still, oft nach viel Weinen,
die Becken verwurzelt in Erde, wenn der rote Engel
die Trompete hebt, ein Friedenslied spielt, zärtlich,
nichts brauche ich, nichts Bestimmtes bin ich
ich brauche weder reich, arm oder schön
gut oder böse und schon gar nicht berühmt zu sein.
Ich brauche nur sein.

Den orangen Garten betritt man staunend.
Drei Stunden oder Jahre hindurch schaute man auf eine
Blume, einen See, eine Schwalbe oder einen Stein,
da hebt sich der Vorhang (die Welt reingewaschen
durch Ekstase)
der schwarze Staub (über die Gassen gestreut)
schwemmt sich mit
Zweifel, Spott, Hochhäusern
in einen funkelnden Ozean, aus dem orange Wolken
steigen – nackt, das Zwerchfell befreit vom Beton
die Glieder leicht und stark, Orangenhaine scheinen
vor uns selbst im höchsten Norden zu blühen.
Wir blinzeln gegen das Sonnenlicht, sehen
zum ersten Mal die Mondin
atmen tief, springen aus tausend Betten empor
schwingen uns wie Amseln ins orangene Licht:
Das Leben ist schön!

Im gelben Garten essen wir Zwiebel
ohne zu weinen, stehen aufrecht, die Wirbelsäule gerade
lassen den Kopf im Gehen nicht hängen
kennen den Weg auch ohne Karten
die Seele selbst weißt uns den Weg.

Das Herz der Liebe schlägt grün!
Grün ragt die Friedenspalme, grün der Muttermond,
doch vor der Tür zum grünen Garten

dem kleinen Paradies, der süßesten, saftigsten Oase
wachen gar zwei wilde Wächter, mit Säbeln
wilden Gesängen und grimmigen
5ooo Jahre alten Bärten.
Durch einen reißenden Strom
scheinen wir zu schwimmen
der vom Becken uns hinan zum Herzen zerrt
und wieder abwärts; allein: wir ahnen den Frieden und
geben uns der Stille hin, wissen
nicht mehr wandern wir zum Vulkan
wir haben fruchtbar saftige Täler beschritten.
In der Ferne leuchtet der Smaragd des Meeres
wir fallen den Wellen um den Hals
bergen uns an der Brust des Atems
unser Herz steigt aus der brandenden Gischt.
Das Meer vereint alle Seelen
die Kontinente, die Völker, die Rassen
wir wissen uns eins mit Bäumen und Vögeln
und gar die wildeste Kreatur wird zum Freund
wir lieben!

Wir, die wir den hellblauen Garten betraten,
den ersten der Himmel,
wahrhaft wissend, unserer Zeit voraus zu sein
blicken seltsam berührt zu den Strebern
die meinen, sie seien fortschrittlich und wichtig
in Wahrheit der Zeit hinterherhechelnd
garstig, grantig und taub.
Wir wissen, nur wenige kann man erreichen
in ihrer Fühllosigkeit und der Hoffart
sind die meisten verrannt
(doch was sollen wir auch schenken,
was können wir geben
da wir doch ungetrennter Teil von allem sind?).
Sie malen im Kreise das immer selbe Heu

dreschen das immer gleiche Streu
kein Korn, Brot oder Weizen
alles haben sie längst aus den Sinnen verloren
bloß Einstreu für verblendeten Geist
malen sie unablässig im trauten Kreis.
Wir, die wir wirklich unserer Zeit voraus sind
weil wir uns vom Irrsinns des Denkens
über der Welt und ihren Dingen zu stehen befreit haben
wir, dürftig bedacht mit Ruhm, Einfluss, gar Geld
sind tatsächlich unserer Zeit voraus
weil wir in den Dingen sind
in Bären, Wäldern, Birnen, den Meeren und den Gärten
wir wachsen nicht höher als die Wälder und nicht tiefer,
rennen nicht schneller als die Winde
dünken uns weder klüger als die Ahnen
noch gescheiter als ein Walnussbaum
doch stehen wie er inmitten der Dinge, ruhig,
uns der Wahrheit bewusst und der Schönheit der Welt.

Im dunkelblauen Garten, aus dem Indigomond heraus
erkläre ich, kein Wissenschaftsfeind zu sein
(das wäre wie Feind eines Kindes zu sein,
nicht älter sind die modernen Wissenschaften
im Vergleich zum Wissen der Yogis,
des Ayurvedas, der Steine und des heiligen Bergs).
Ich glaube bloß nicht an sie, sowenig wie
an das Denken selbst.
Ich glaube an Delphine (diesen Glauben übernahm ich
von meiner Frau) zudem an Faune, Feen, Libellen, den
Wiedehopf, den Luchs
gar an Traumfänger (nicht die für Touristen)
selbst an Einhörner
(die echten eben) und die gesamte Märchenwelt.
Die Fakten, von der Industrie
irgendwelchen Wissenschaftlern

in Auftrag gegeben, gewünschte,
verwertbare Ergebnisse zu liefern,
glaube ich nicht, auch nicht der forschen Wissenschaft
die uns immer höher, besser, effizienter modelliert.
Der westlichen Wissenschaft, die weder Nadis noch
Chakren noch Ida, Pingala,
Sushumna kennt (die Pfade, die in die Gärten führen)
traue ich keinen Millimeter über den Weg,
denn sie vernichtet
im Erfinden ihrer Grenzen die Erde und alles was uns
heilig sein sollte, um daraus
Reichtum zu schöpfen für die ganz Reichen, die Erben
und Gott Mammon an sich.
Ich glaube weder an Öl- noch an Stromkonzerne
noch an KI oder Lithium
aber glaubt ihr Wissenschaftsgläubige tatsächlich
Gott wird ewig euch dabei zusehen, wie ihr in eurer
vermessenen Trunkenheit
die Welt und uns alle zerstört?

Den letzten Garten, den des diamantenen Lichts
kann niemand betreten,
ihn schenkt uns der Himmel, trägt uns hinfort
wenn wir nichts mehr haben, wollen oder sind,
nur mehr Stille, die große Leerheit
worin alle Engel der Jahreszeiten
und die Dschinns der Dschungel und Dschunken passen
alle Wesen, Geister und Universen dieser Welt.
Das Paradies nimmt uns auf in aller Einfalt, Demut
Ziellosigkeit, nichts wünschen, nichts haben, nichts
wollen wir mehr
und so bleibt nichts als das reinste Licht
in dem sich alle Farben, eher ihr Funkeln
göttlich spiegeln im reinen Nichts.
Nichts ist als Liebe, die sie selbst ist

Liebe in und als Gott allein.
Die tausendfach stärker ist
als die Liebe, mit der eine Mutter
ihr Neugeborenes herzt
die tausendmal gewaltiger ist, als die des Jungen
der seine Liebste erkor, tausendfach größer als die Liebe
mit der der Idealist sein höchstes Ideal vergöttert,
die tausendfach heller brennt als alle Liebe
die wir ansonsten kennen
in unserer zauberhaften Welt!

Manfred Stangl

BIOS:

Susanne Ulrike Maria Albrecht
hat bereits zahlreiche Werke veröffentlicht und wurde
mehrfach ausgezeichnet, jüngst mit einem dritten Platz
beim vierten Mädchenchorfestival zum Weltfrauentag
2023 der Chorakademie Konzerthaus Dortmund e.V.

Jürgen de Bassmann,
*1964, Ausbildung zum Sortimentsbuchhändler, danach journalistische
Tätigkeit und Werbetexter, heute Finanz-Marketing. Lebt in
Kandel/Deutschland in der Region Südpfalz – in Nachbarschaft
zum französischen Elsass – und schreibt Gedichte und Storys.
Sein Buch „Ich hätte tiefer schlafen sollen" ist 2022
erschienen (ISBN 978-3756276066).

Franziska Bauer,
geb. 1951, Studium der Russistik und Anglistik in Wien, wohnhaft
im Burgenland, pensionierte Gymnasiallehrerin, Schulbuchautorin,
schreibt Lyrik, Essays und Kurzgeschichten für Zeitschriften
und Anthologien, zwei Lyrikbände beim Apollon Tempel Verlag,
Gewinnerin des 10. Bad Godesberger Literaturpreises

Claudia Behrens
Geboren im „Goldenen Kreuz", neun Tage nach dem Staatsvertrag.
Traumatisierte, aber leider faschistische bzw. schwer nazistische Künstler-
& Lehrereltern. Auf- und Durcharbeitung lebensbegleitend. Schreibe
und male seit Kindheit u Jugend. Vier erw. Kinder, viele wundervolle
Enkelkinder, Dipl. Lebens- und Sozialberaterin. Lyrik, Prosa, Drehbuch.
Ich liebe griechischen und hawaiianischen Tanz, Tanztheater, Agni Hodra,
Literatur und redliche Aufklärung - ausdrücklich NICHT Sensationshascherei
und merkantile Fake-Aufklärung ... Mensch und Kosmos. A-dieu!

Michael Benaglio
Leiter des „Forum Club Literatur" von 2005 bis 2016, zahlreiche
Literaturlesungen und Publikationen, Mitherausgeber der Literaturzeitschrift
„Pappelblatt", Chefredakteur der Literaturzeitschrift „Die Feder", literarische
Auftritte bei Theaterstücken, zweimaliger Preisträger der Gesellschaft
der Lyrikfreunde. Mehrere Buchveröffentlichungen: in der edition
sonne und mond: „Der Ritt auf der Katze – phantastische Erzählungen",
„Sonnenaufgang im Wasserglas, „Die fliegenden Pferde von Wien" und
„Fin" 2022. Mitglied im PEN-Club und in weiteren Literaturvereinigungen.

Ilse Viktoria Bösze
geb. 1942 in Wien; VS, HS, Einj. HHS, HASCH, Staatl. Stenotypieprürung.
Kinder- und Jugendromane, Bilderbuchgeschichten, Kurzgeschichten
in Anthologien und geschichtenbox.com, Gedichte.

Gabriele Bina,
Ausbildungen zur Textildesignerin, diplomierte Seniorinnenfachkraft,
Klangschalenenergetikerin. Mein Lebensmittelpunkt ist die
Tätigkeit als Malerin und Grafikerin. Die Kinder meiner Seele,
sie erzählen – höre zu! Vernimm die stummen Worte.
Fühle die Gedanken und löse sie auf.
Spüre, dann bist du eins mit Dir!

Manfred Chobot
*1947 in Wien. Von 1991 bis 2004 Herausgeber der Reihe „Lyrik aus
Österreich". Redakteur der Literaturzeitschrift „Podium" (1992 bis 1999)
und „Das Gedicht" (1999 bis 2002). Nur fliegen ist schöner. Gedichte
(Löcker 2017); Franz – Eine Karriere. Erzählungen (Löcker 2017); In
116 Tagen um die Welt – Ein Logbuch (Löcker 2019). Homepage: www.
chobot.at Wikipedia: https://de.wikipedia.org/wiki/Manfred_Chobot
Literaturport: http://www.literaturport.de/Manfred.Chobot/

Claudia Dvoracek-Iby,
*1968 in Eisenstadt, verheiratet, Zwillingstöchter (*2003), lebe
in Wien; schreibe Geschichten, Märchen, Gedichte für kleine und
große Menschen, zeichne und collagiere auch manchmal.

Dagmar Fischer „Lyreley"
geb. 1969 in Wien. Seit den 1990ern zahlreiche Lesungen und
Performances, oft mit Musik und Tanz verschränkt. Veröffentlichungen
in Literaturzeitschriften und Anthologien, 7 Gedichtbände. Einen
eindringlichen lyrischen Appell an die Menschheit mit dem Titel „Corona
– Wir haben die Wahl", zu hören auf https://youtu.be/WRutnpWF9el,
hat die Autorin bereits im April 2020 verfasst. www.dagmarfischer.at

Dietmar Füssel
Geboren 1958 in Wels/Oberösterreich. Lebt als Schriftsteller und
Bibliothekar in Sankt Georgen im Attergau. Zahlreiche Publikationen.

Karin Gayer
wurde 1969 in Mödling geboren. Studium der Psychologie.
Ausgebildete Verlagsassistentin und freie Lektorin. Sie lebt und
arbeitet in Wien. Veröffentlichungen in Literaturzeitschriften,
in Anthologien und im Rundfunk. Arovell Verlag: Flechtwerk,
2002. Erzählung Nachtfieber, 2009. Edition Art Science:
Innenaußenwelten, 2013. Weblog: karin-gayer.blogspot.com

Christl Greller,
Wien, schreibt Lyrik und Prosa seit 1995.. Bücher: 3
Erzählbände, 1 Roman, 7 Gedichtbände.
Zahlreiche weitere Veröffentlichungen in Anthologien, internationalen
Literaturzeitschriften, Hörfunk, Internet. Zusammenarbeit mit
internationalen Künstlern. Für ihre Arbeiten erhielt sie eine
Reihe z.T. internationaler Preise. Mehr: www.greller.at

Habalik Irena,
stammt aus Polen, lebt in Wien. Mehrere Gedichtbände, zuletzt
„Male dein Schweigen: Gedichte". Ludwigsburg : Pop Verlag,
2021. Näheres unter https://irenahabalik.wordpress.com/.

Joachim Gunter Hammer,
Geboren 1950 in Graz, Studium der Naturwissenschaften, dzt. wohnhaft
in Heiligenkreuz am Waasen / Steiermark, zahlreiche Veröffentlichungen
im Rundfunk, in Zeitschriften und Anthologien des In- und Auslandes
(u.a. Jahrbuch der Lyrik, Landvermessung, Lichtungen, Podium, Reibeisen,
Revolverrevue). Viele seiner Gedichte wurden in andere Sprachen übersetzt,
Auszeichnungen. Bislang sind 26 Gedichtbände erschienen, zuletzt:
LARVEN UND VÖGEL, Gedichte, edition keiper, Graz 2020 SINGSANG
EINES NARREN AM HOF DES NICHTS, Gedichte, Verlagshaus Hernals, Wien
2021 QUANTENSCHÄUME, Gedichte, Verlagshaus Hernals, Wien 2022
Adresse: Joachim Gunter Hammer • Schulstraße 26/3 • 8081 Heiligenkreuz
am Waasen • Joachim-Gunter.Hammer@gmx.at • 069917048707

Sonja Henisch
ist in Wien geboren und aufgewachsen und hatte schon sehr früh
künstlerische Ambitionen. Nach dem Abschluss des Studiums an
der Hochschule für angewandte Kunst folgten Ausstellungen im In-
und Ausland. Kindertheaterstücke gaben den Impuls zum Schreiben.
Auszeichnung im Rahmen von Multikids „Regentrude" nach Th. Storm.
Henisch schreibt Kurzgeschichten und Lyrik. Der Roman „Die Wogen der
Drina" ist 2o12 erschienen. 2o14 folgt „Theodora oder die Quadratur des
Seins", beide Verlag Bibliothek der Provinz. In der Edition sonne und mond
erschienen: „Magie der Spirale" – Gedichte, 2o2o, Bösenstein - Roman 2o22

Ingrid Hoffmann,
geboren in Wien 1952, lebt in NÖ. Sie war kaufmännisch und journalistisch
tätig, ist zertifizierte Schreibpädagogin sowie Mitglied in mehreren
literarischen Vereinen und im Vorstand der Österreichischen Haiku-
Gesellschaft. Sie hat den „Literaturstammtisch Wienerwald" mitbegründet.
Lesungen in Wien und NÖ, Beiträge in Anthologien
und Literaturzeitschriften.
Veröffentlichungen:
2004 „Zauberhaftes Wiental", Heimatverlag.
2011 Uraufführung „Nichts", Theater KÜRBIS, Wies, Steiermark
2022 „Tag an Tag – Lyrik im Lockdown", myMorawa

Markus Jäger,
Lebt und arbeitet in Innsbruck. Studium der Anglistik und Amerikanistik
(Dr. Phil.) und Politikwissenschaft (Mag. Phil.). Seit 2006 Schriftsteller.
Seit 2008 Bibliothekar. Seit 2012 Rezensent beim EKZ Bibliotheksdienst.
Schreibt Lyrik, Kurzprosa, Romane, Essays, Rezensionen.

Eva Jansenberger
Geboren in Leoben, Steiermark. Studium an der Hochschule für angewandte
Kunst in Wien (Visuelle Mediengestaltung), Studium der Medizin und
Philosophie an der Universität Wien sowie an der Akademie der bildenden
Kunst in Wien. Doktorat der Philosophie; Promotion über Ästhetik bei den
Professoren Josef Rhemann und Konrad Paul Liessmann. Sie veröffentlichte
Kurzgeschichten, Lyrik, philosophische Theaterstücke und Kunstvideos.
Ihr zentrales künstlerisches Thema ist der Mensch. Der Großteil
ihrer sakralen Gemälde entstand im Zeitraum von 2005 bis
2010 in der Peterskirche. Sie präsentiert Ihre Werke seit 1990 in
zahlreichen Ausstellungen, Lesungen und Kunstprojekten.

Gerald Jatzek,
geb. 1956, lebt als Autor und Musiker in Wien und auf Reisen. Er
veröffentlichte Bücher mit Kurzgeschichten und Gedichten, Hörspiele,
Kinderbücher, Kabaretttexte und Sachliteratur. 1980 erhielt er den
Lyrikpreis des PEN-Clubs Liechtenstein, 2001 den Österreichischen
Kinderlyrikpreis. Seit 2019 publiziert er englischsprachige Texte in
Anthologien und Zeitschriften in den USA und Großbritannien.

Elisabeth M. Jursa,
lebt in Graz, schreibt Lyrik und Kurzprosa; zahlreiche
Publikationen in Literaturzeitschriften und Anthologien;
zuletzt erschienene Bücher: „An der Mauer unter dem Vordach"
Kurzprosa und „An der Seite ein heller Gedanke" Lyrik

Mario Kern,
St. Pölten, verfasst seit seinem 18. Lebensjahr Gedichte, Essays und
Erzählungen. Mit 21 hatte er sein Lese-Debüt auf einem alten Gehöft in
Norwegen, zahlreiche musikalisch begleitete Lesungen in österreichischen
Konzerthäusern, Kinos, Kirchen, Burgen, Galerien und Museen folgten.
Veröffentlichungen: die Lyrikbände „Traumverwoben" und „Sternenklang und
Erdenwort", zahlreiche Beiträge in Literaturzeitschriften und Anthologien.

Dorothee Krämer
*geb. 1971 in Wuppertal.
Studium der Germanistik. Sie unterrichtet Deutsch als Fremdsprache
in Alphabetisierungs-und Integrationskursen. Veröffentlichungen
von Gedichten in Anthologien und Literaturzeitschriften.
Sie lebt, gärtnert und schreibt in Bad Essen.

Rudolf Krieger
wurde am 10.08.1967 in Eibiswald, Steiermark, geboren. Er besuchte
die Ortweinschule in Graz und absolvierte das Studium der Bildhauerei
an der Kunstuniversität Linz. Seit 2003 Veröffentlichungen von
Hörspielen, Texten und Gedichten. Zahlreiche Lesungen begleiten
sein literarisches coming up. 2017: „Safa" - Ufer oder Sprache.
2019: „Teba – Arche oder Wort", edition sonne & mond.

Heinz Kröpfl,
geb. 1968, wohnt in St. Michael in Obersteiermark. Seit 1993
siebzehn Buchveröffentlichungen, zuletzt: „Jagdrausch. (K)ein
Kriminalroman" (Salzburg: Verlag Anton Pustet 2022). Zahlreiche
Veröffentlichungen in Anthologien, Literaturzeitschriften und
Zeitungen. Diverse Auszeichnungen und Stipendien.
https://heinz-kroepfl.jimdofree.com/
https://www.facebook.com/heinz.kroepfl.schriftsteller

Barbara Kuhness,
Geb. 1987 in Österreich, Kindheit in Graz, ab dem 12. Lebensjahr
in Frankreich gelebt (Loire) und im Frühjahr 2021 nach Österreich
zurückgekehrt. Hat sich mit Philosophie, Mystik und Gartenarbeit
beschäftigt. Jin Shin Jyutsu Praktik. Seit Jänner 2021 Kunsttherapie-Studium
in Wien. Mitarbeiterin in einem Figurentheater in Mödling. Veröffentlichung
von Lyrikbeiträgen in der Anthologie „Seelenmelodien" (Sonne und Mond).

Ingonda Lehner,
geb. 1957 in Waizenkirchen, Studium der Malerei und textiles Gestalten,
Motive in der Malerei und in der Lyrik: humanitäre und ethische
Themen, Themen aus dem Maya-Kalender, Energiebilder...
Im Sommer erscheint der Gedichtband: „Lieder der Nacht
und Lieder des Tages" in der edition sonne und mond

Elmar Mayer-Baldasseroni:
Geboren und aufgewachsen in der Obersteiermark (Jahrgang
1977), interdisziplinäre Promotion in Genetik und Bioethik
2005 (Uni Wien). Laufende literarische Publikationen, u. a. der
Debutroman ‚Die Hinrichtung' (Sisyphus, 2013), von FM4 als ‚Buch
des Jahres' tituliert. Mitglied der GAV, diverse Stipendien, Artist
residencies sowie Ausstellungen als bildender Künstler.

Eva Meloun
wurde in Wien geboren und wuchs in Oberösterreich auf. Lebt und
arbeitet als bildende Künstlerin und Autorin in Wien. Das familiäre
kunstinteressierte Umfeld und der Schulweg in das Dorf boten täglich
neue Erfahrungen. Ich versuche in meinen Arbeiten die Vielfalt der
Natur darzustellen - ihre Symbolik, die bis in den psychologischen
Bereich wirkt. Die Begeisterung und das Staunen über den Reichtum
dieser Erde und die Welt der Ideen sind mir seit meiner Kindheit
geblieben. Aufnahme in die Austria Wissensbank. www.meloun.at

Sofie Morin
ist das lyrische Pseudonym einer aus Wien stammenden und
mittlerweile in Deutschland lebenden Autorin und Philosophin,
die in Literaturzeitschriften und Anthologien publiziert.

Robert Müller

Geboren am 2.4.1943 in Wien. Gelernter Eisenwarenhändler, nach der Externisten-Matura Werbekaufmann und EDV-Sachbearbeiter. 2003 Übersiedlung ins selbst gebaute Haus im Weinviertel. Seit 2006 Kellergassenführer, 2011 Mag. phil. (Volkskunde). Schüler von H.C. Artmann, Kalender im Eigenverlag, Beiträge in Lit. Zeitschriften. Sein zweites Buch „G'mischte Kost für alle Tag" ist Ende Mai 2015 im Pilum-Verlag erschienen. Sein letztes Buch „Adele erbt ein Schloss" Mai 2020, Morawa. Wohnort: A-2213 Bockfließ, Hauptstr. 118. Mail: mueller.preining@aon.at

Ellen Norten,

geboren 1957 in Gelsenkirchen ist promovierte Biologin. Zunächst freie Wissenschaftsjournalistin bei verschiedenen Hörfunksendern, dann mehrjährige Tätigkeit bei der Fernsehsendung „Hobbythek". In dieser Zeit entstanden ein Dutzend Sachbücher und Ratgeber. Seit 2010 tourt sie mit ihrem Mann Zaubi M. Saubert im Wohnmobil durch die Welt, schreibt Kurzgeschichten für diverse Anthologien und Zeitschriften. Außerdem verfasst sie Rezensionen für Kultura-Extra, beteiligt sich an Poetry-Slams und Science-Slams, arbeitet als Herausgeberin von humoristischen Science-Fiction Anthologien bei p.machinery. Passend zum Science-Slam zeichnete und textete sie ihr Buch „Mein süßer Parasit".

Welf Ortbauer,

geb. 1947 in Linz, schreibt Gedichte, Liedertexte und Märchen. Er unternimmt regelmäßig in Linz im Rahmen einer besinnlichen Vorlesestunde mit dem Titel „Abendrast" eine Reise ins Land der Fantasie und Poesie. Tel. 0732-345035

Christian Pauli

wurde 1974 in Leibnitz geboren. Er lebt und arbeitet im Süden der Steiermark. Gründungsmitglied und „Mann für Vieles" in der Edition SonneundMond. Zu seinen Leidenschaften zählen u.a. Musik, Yoga und Fotografie.

Jonathan Perry,

1993 in Lilienfeld geboren, schreibt seit der Kindheit. Sein Gedichtband („Scherben") ist zuletzt im Sisyphus - Verlag erschienen. Außerdem Straßenmusiker, Mit einem Becher Süßholzlikör in der edition sonne und mond, 2019; Oder anderes Glück, 2021.

Brigitte Pixner,

Wienerin, Juristin, verheiratet mit Gottfried Pixner, zwei Kinder. Schreibt Lyrik, Erzählungen, SF. Sechs Jahre Herausgeberin der Literaturzeitschrift Bakschisch. Buchpublikationen: Zuletzt „Prost Harry - heitere Erzählungen" sowie die Gedichtbände: „Plötzlich schmeckt alles nach Wahrheit" als auch „Unterm grünen Regenschirm", beide bei Berger, Wien-Horn.

Mechthild Lütjen-Podzeit
lebt und arbeitet als gebürtige Bremerin in Wien und im Seewinkel.
Studium „Deutsche Philologie" an der Universität Wien; EC Geschichte/
Archivwissenschaft, Theologie/Archäologie/Numismatik.
http://www.podzeit-luetjen.at

Markus Prem,
geb. 1970, Studium der Mineralogie, Mitherausgeber von bju:k 2003 [Ariel-Verlag] und Übersetzer des Prolog zu Ask the Dust von John Fante [Maro Verlag]. Zuletzt erschienen die Gedichtbände Straßenfeger des Jahres 2009 [Edition Straßenfeger, Köln] und urknall [Eigenverlag, Wien 2013].
www.premarkus.at

Sophie Reyer,
geboren 1984 in Wien. 2013 „käfersucht" bei S. Fischer. 2013 Preis „Nah dran!" für das Kindertheaterstück „Anna und der Wulian". 2014 Uraufführung „Anna und der Wulian" an der badischen Landesbühne. Seit 2016 Doktor der Philosophie (Universität für Angewandte Kunst) Wien.

Birgit Rietzler
aus Vorarlberg, publiziert Lyrik und Prosa
im Dialekt und in schriftdeutscher Sprache

Kaia Rose,
geb.: 13.1.1974, hat über Langeweile selten zu klagen, denn als Managerin und vierfache Mutter führt die 1974 geborene Wienerin ein facettenreiches Leben. Ihre vielfältigen Eindrücke und Erfahrungen verarbeitet sie in Lyrik- und Prosawerken, die mehrfach ausgezeichnet wurden. Neben zahlreichen Veröffentlichungen in Anthologien und Literaturzeitschriften stammen die Gedichtbände»»Das Lied des Regebogens« und »Schattierungen der Stille« (beide erschienen bei PUTPUT Books) sowie die Schauernovelle »Schlechtes Karma« und die Kriminovelle »In bester Gesellschaft« (beide Arunya Verlag) aus ihrer Feder. Weitere Informationen unter www.kaiarose.at sowie auf ihrer Facebookseite kaiaroseautorin, ihrem Instagram-Profil kaia_rose_autorin und ihrem YouTube Kanal.

Dorothea Schafranek,
geboren 1938 in Wien, Dekorateurin, seit 1964 selbständige Werbegestalterin. Beginn des Schreibens, Hermann Schürrer veröffentlicht Gedichte in „FREIBORD", schreibt Lyrik und Kurzgeschichten, hat in zahlreichen Anthologien und Zeitschriften Texte veröffentlicht, 1983 Verleihung des Theodor Körner Preises für Literatur. „Hingabe" Edition sonne und mond

Hilde Schmölzer,
geb. 1937 in Linz. Besuch der Staatslehranstalt für Photographie in
München. Studium der Publizistik und Kunstgeschichte an der Universität
Wien. Etwa 25 Jahre freiberufliche Journalistin und Fotografin für in-und
ausländische Zeitungen und Zeitschriften, Arbeit beim ORF. Seit etwa 1990
ausschließlich als Autorin tätig mit Schwerpunkt Frauengeschichte und
Frauenbiographien. Bis jetzt 15 Bücher verfasst, darunter zwei Bestseller.
Zuletzt erschienen: „Frauen um Karl Kraus", 2015 Kitab Klagenfurt
2022, „In einer handvoll Zeit", Gedichte, edition sonne und mond.

Sigune Schnabel,
geb. 1981 bei Stuttgart, Diplomstudium Literaturübersetzen in Düsseldorf.
Zahlreiche Veröffentlichungen in Anthologien und Zeitschriften (z.
B. Asphaltspuren, Dichtungsring, DUM, Die Rampe, silbende_kunst,
Krautgarten, mosaik). 2015 unter den Preisträgern beim Badener
Lyrikbewerb zeilen.lauf und beim Kempener Literaturwettbewerb.
Anschrift: Sigune Schnabel, Bensberger Weg 3,
40591 Düsseldorf, sigunesch@web.de

Claudius Schöner
geb. 1946 in Bregenz; 1955 Übersiedlung nach Wien, versch. Studien
in Wien und Genf (u.a. Kunstgeschichte, Archäologie), Studium an der
Akademie f. angewandte Kunst, lebt seit 1985 in Rechnitz/Südburgenland;
Tätigkeit in Asien und Afrika, daher starke Beziehung zu anderen Kulturen,
Techniken: Öl, Aquarell, Tuschpinselarbeiten, Druckgraphik, bes. Holzschnitt;
zahlreiche Ausstellungen (u.a.: Rom, Palermo, Sevilla, Paris, Split, Bern);
claudius.schoener@aon.at www.claudiusschoener.com

Karin Schreiber, Herrsching.
Ich schreibe seit einigen Jahren, vorwiegend Lyrik, auch Kurzgeschichten;
mache mit großer Freude und schöner Resonanz Lesungen mit Musik.

Karin Seidner,
* in Wien, am 6. 2.1963
freie Schriftstellerin und Performance-Künstlerin, Psychotherapeutin
¼ der literarischen Performance-Gruppe
„grauenfruppe" www.grauenfruppe.at
Kreative Schreibkurse www.sprach-raum.at
 zahlreiche Veröffentlichungen im In- und Ausland
Literaturpreise: zuletzt Forum Land Literaturpreis Prosa 2016

Elisabeth Singh-Noack,
1961 in Hamburg geboren, schreibt seit ihrem 16.Lebensjahr
Gedichte, zudem Kurzprosa und Haikus. Sie studierte Indologie,
lebte lange in Indien, Portugal und an verschiedenen Orten
Deutschlands. Derzeit wohnt sie in Dossenheim und ist Mitglied der
Literaturoffensive Heidelberg und der Leselust Heidelberg e.V.
Ihre Texte erscheinen in zahlreichen Anthologien, Hörspielen,

bei Kunstprojekten und Lesungen. Ihr Buch Lyrik Lunar ist
2020 im Lothar Seidler Verlag, Heidelberg erschienen.

Peter Sonnbichler
In den Bergen geboren. In den Hügeln aufgewachsen mit Geschwistern
und Tieren. Getragen von der Welle der sechziger und siebziger
Jahre. Fernweh und Heimweh. Deutsch und Englisch als Studium
und Beruf. Familie und Garten. Und Schreiben natürlich. „Wirf
deine Krücke ins Abendrot", 2020 edition sonne und mond.
„Wir Schurken", 2o22.

Manfred Stangl,
geb. 1959 in Graz; Absolvent der Ther. MilAk. Später abgebrochene Studien
der Philosophie, Germanistik, Psychologie; Tätigkeiten als Journalist.
Als Brotberuf Aufseher im MAK, wo er in der Stille begriff, dass das
Denken nicht zum Erkennen der Wahrheit führt. Es folgten Jahre der
Meditation und schließlich die Heimkehr in Gott (Unio Mystica). Mehrere
Gedichtbände; zuletzt: „Gesänge der Gräser" edition sonne und mond.
„Zehntausendundacht - eine Prophezeiung vom Untergang der Menschen",
2021. Seit 2o14 Herausgeber des Pappelblattes - Zeitschrift für Literatur,
Menschenrechte und Spiritualität. Seit 2o18 P.E.N.- Clubmitglied. Lebt
jetzt in Wien und dem Südburgenland. 2o2o erschien die „Ästhetik
der Ganzheit". 2o21 die kulturpolitische Schrift „Ganze Zeiten."

Lieselotte Stiegler,
geboren 1950, lebt in Wien und Kerala/Indien. Schreibt Lyrik,
Kurzprosa. Veröffentlicht in Antologien: „Podium" Wien, „Lichtungen"
Zeitschrift für Literatur und Zeitkritik Graz „Entladungen"
Literaturzeitschrift der Arbeitsgemeinschaft Autoren in Wien
„Die Kunst der Flucht" – Steirische Verlagsgesellschaft
„Zwischen Zeit und Raum" Lyrik United p.c. Verlag
„Meine Sehnsucht wandert mit dem Sand" Lyrik – Edition Sonne und Mond

Jochen Stüsser-Simpson,
liest, joggt und schreibt gern, unterrichtet Philosophie, Deutsch
und seit einem Jahr eine Ukraine-Klasse am Christianeum in
Hamburg-Othmarschen, organisiert dort das Literarische Café

Ralph Valenteano,
1965 geborener Poet, Autor, Seelencoach und Musiker. Aufgrund
meiner Nähe zum Sufismus verbinde ich die orientalische Welt mit der
westlichen Welt. Auf meinen Produktionen arbeite ich viel mit Künstlern
aus Nordafrika, so wie mit im Westen bekannten Musikergrößen. Mein
Wunsch ist es, die Schönheit der Dinge herauszuarbeiten, in der Musik
als auch im Menschen in den Seelen. Aktuelle Alben: Arabiskan (bisher
nur in Kairo veröffentlicht), Amenti Songs of Healing and Dance.

Ilona Daniela Weigel-Benning,

Juni 1982 in Böblingen, Studium der Rechtswissenschaft in Tübingen, Umschulung zur Präsenzkraft für Demente, Ausbildung zur examinierten Pflegefachkraft, Fort- und Weiterbildungen in der Pflege, nach Krankheit und Neuorientierung Sanitätsfachverkäuferin. Mitglied im Bundesverband junger Autoren und in der IGdA e.V., 1jähriger Fernlehrgang „Das lyrische Schreiben", diverse Gedichtveröffentlichungen seit 2005 u.a. in der Driesch, etcetera, Pappelblatt, bei Lumen, Balthasar, wort&mensch und der Bibliothek deutschsprachiger Gedichte. Interessen: Lyrik/Weltliteratur/Fachliteratur, Malerei, Musik, Tanz, Sprachen, Theater, Konzerte, „Dada" und vieles mehr, aktiv in freier christlicher Gemeinde iweigel_avantgardeart@t-online.de

Windkind

Bereits in meiner Jugend begann ich Gedichte zu schreiben, im Wunsch die Magie des Augenblicks einzufangen und somit fühl- und begreifbar zu machen. Ich liebe und lebe Poesie, weil sie antwortet, wenn mein Herz fragt. Seit zwei Jahren veröffentliche ich meine Texte unter meinem Pseudonym Windkind auf meiner Facebook-Seite Windkinds Welt und meinem instagram account @windkind78. Drei meiner Gedichte wurden 2022 in die Anthologie „100 Texte für den Frieden" der Edition Schaumberg aufgenommen.

Christian Wolf,

geboren 1996 in Kärnten, besuchte das Musikgymnasium Viktring und studiert seit 2014 Philosophie und Literaturwissenschaft an der Universität Wien. Neben Veröffentlichungen in Anthologien und Literaturzeitschriften tritt er mit der Gruppe „Gedankenklang" gemeinsam mit der Musik von David Hättich und den Fotografien und Illustrationen von Verena Steinwider auf. 2019 gewann er den Wiener Werkstattpreis Sonderpreis. 2021 erschien Bewusstseinsinseln, in der edition sonne und mond E-Mail: echriwo@gmail.com Homepage: https://echriwo.wixsite.com/christianwolf/

Waltraud Zechmeister

wird am 9.5.1958 in Wien geboren. Sie studiert Germanistik und Romanistik und unterrichtet am BORG 1. Daneben widmet sie sich der Dichtung. Ab 2010 publiziert sie in Literaturzeitschriften, 3 Anthologien (2Lyrik und Prosa) folgen 2015, 2016 und 2021.

Christian Zillner,

geb. 1959, Maler, Schreiber und Redakteur in Wien. Bücher (Auswahl): Spiegelfeld, ein österreichisches Nationalepos, Band 1-8, Gedichtbände: Rutum erat; Aus dem Schlaf erwacht, verlassen; Aus dem Alltag (mit Nora Fuchs)

Tanja Zimmermann:
Geb.1975 in Graz, lebt im Südburgenland, Sozialpädagogin/
Flüchtlingsbetreuung/ div. Integrationsprojekte, sozialkreative
Projekte; Lebendigkeit, Wildheit, Ursprünglichkeit.
Ruhe und Kraft durch und in der Natur.

From PAIN to PAINT:
Die BINDU-ART-SCHOOL ist eine ungewöhnliche Kunstinitiative für, mit
Lepra infizierte Menschen, die vom österreichischen Multimediakünstler
und Kurator Werner Dornik, und der Sozialaktivistin Padma Venkataraman
(Tochter des früheren Staatspräsidenten R. Venkataraman) im
Februar 2005 in Südindien gegründet wurde. www.bindu-art.at
Mit Hilfe ihrer künstlerischen Qualitäten schaffen sich die
„Unberührbaren" einen neuen Weg des Lebens, der sie fern von Charity
aus dem sozialen Stigma und der Abhängigkeit von Almosen führt.

Werner Dornik
arbeitet seit 1980 mit den Medien Fotografie, Film,
Text, Musik und Malerei in Europa und Asien. Neben 40
Einzelausstellungen publizierte er u. a. den Foto-Text-Band
„If you go you just go", der mit dem Ehrenpreis zum Staatspreis „Die
schönsten Bücher Österreichs" ausgezeichnet wurde. Seine Buch- und
Ausstellungsprojekte thematisieren die Probleme der „Konsumgesellschaft",
fördern geistige Freiheit und unterstützen soziale Projekte wie die
Leprastation Khandwa in Indien und die Lebenshilfe Gmunden.
Im Jahr 2005 gründete er die BINDU-ART-SCHOOL, eine
Malschule für geheilte Leprakranke in Südindien

Inhalt

Seelenmelodien

Alternatives Lyrikjahrbuch 2o21 – 2o22
Hrsg: Manfred Stangl

edition sonne und mond, 2o22,
176 Seiten, 14,70 Euro,
ISBN: 978-3-9505097-3-1

Die Seelenmelodien sind ein wunderbares Buch geworden, das verzaubert - das Lesen der Gedichte darin ist mit dem Spazierengehen durch einen großen, blühenden, naturbelassenen Garten zu vergleichen, in dem es viel Schönes, Geheimnisvolles, Fremdartiges und auch Vertrautes zu entdecken gibt - ein traumwandlerischer Spaziergang ist das, der stärkt und tröstet...
Claudia Dvoracek-Iby

„Gesänge der Gräser"
Manfred Stangl

edition sonne und mond,
ISBN: 978-3-9504897-0-5
2019, 112 S, 12,30 Euro

Die Gesänge der Gräser entführen uns in eine sachte, poetische Welt. Eine Welt voll Magie und Staunen, Schönheit und Lebendigkeit. Der zerrissenen und schrillen Gegenwart wird eine Art des Seins gegenübergestellt, in der es sich nicht nur für Dichter und Feen erfüllt leben lässt. Aus der Gewissheit der Beglückung heraus erfolgen die Klagen von Mutter Erde und der Nacht an eine sinistere, gierig gewordene, weltverschlingende Menschheit und die Warnung vor dem jähen Ende.

„Ästhetik der Ganzheit"
Manfred Stangl,

edition sonne und mond,
ISBN: 978-3-95o4897-2-9
2020, 416 S., 18,90 Euro

Obwohl Stangl überall das Positive vertritt, provoziert er den dogmatischen Vernünftler mit echtem Schwung und lässt so auch den Liebhaber der Satire manchmal hell auflachen. Man hat das Manifest von O. Wiener, des Kopfes der Wiener Gruppe, einst ein „Kultbuch" genannt. Mit mehr Recht könnte man der „Ästhetik der Ganzheit" von Manfred Stangl dieses Prädikat verleihen, denn Stangls Gedanken sind weiter und kohärenter ausgespannt als die des wissenschaftsgäubigen Oswald Wiener.　　　　　*Martin Luksan*

Gedichte von Peter Sonnbichler
Wirf deine Krücke ins Abendrot!

edition sonne und mond, 208 Seiten, 16,50 Euro, ISBN: 978-3-9504897-5-0

Peter Sonnbichler vergisst die Tiere nicht. Und er beschwört eine Zeit, in der wir die Nachbarn kannten und deren Geschichten. Als Allernächste begreift er Meer und Landschaft, Pflanzen und alle Lebewesen. So wundert es nicht, dass er seine lyrische Stimme erhebt gegen die Naturzerstörer. Und gegen jene Unmenschen, die auch die Sprache demolieren sowie die Erinnerung, auf dass nichts bleiben solle, als die nutznießende Sicht der Dinge, ihre Definition von Wertigkeiten und Glück.Daher ist dieses Werk so wichtig: Weil es vorm Verstummen bewahrt, weil es das Leise, Kleine, Anmutige davor schützt, überbrüllt zu werden.

Die Qualität des Dichters zeigt sich auch formal: Der spärliche Gerbrauch der Interpunktion folgt dem Gebot der Einfachheit, dient nicht eitel moderner Mode. Die sensiblen und zugleich kraftvollen Sätze lassen eine Welt sprießen, wie wir sie lange suchten, erinnern an die Vergangenheit und feiern das immerwährend Schöne.
Manfred Stangl

Ulli B. Laimer:
„Sympathie für Faune"

edition sonne und mond,
ISBN: 978-3-9503442-5-7
2018, brosch., 64 S, 7.- Euro
erhältlich unter
bestellungen@sonneundmond.at

Wenn/das Licht/schwächer wird/kehrt das Meer/in mir/zurück//Knie über/Knöchel/ stirngetaucht/ Brandung mein Atem/lebendig/bis/zum/Horizont. In den Raum jenseits des Reichs der kahlen Vernunft entführt uns Ulli B. Laimers Lyrik. Selbst wenn manches schattig, fraglich und fragil erscheint, weiden ihre Verse uns auf Oasen sprießend saftigen Lebens, voll all der Schattierungen von Grün. Einhörner, Drachen, Waldgeister, Wölfe, Mond und Sonne, eine mütterliche Erde bevölkern ihre Gedichtlandschaften – von dort winken sie uns, auf dass wir über die zitternde Hängebrücke eilen, in der Anderswelt zumindest mit unserer Seele zu leben, Seite an Seite mit der glückvollen Phantasie.

Ganze Zeiten

Politik, Wissenschaft und Kunst
in ganzheitlicher Schau
Editorials, Rezensionen und offene Briefe
aus dem Pappelblatt 2013 – 2021,

v. Manfred Stangl

TB, 176 Seiten, 12,90 Euro
ISBN: 978-3-9504897-6-7

„Ganze Zeiten" stellt das Unterfangen dar, die zerteilten Zeiten in dieser halben Welt, in der die Erde fehlt, zu einem Ganzen zu formen. Dies versucht der Autor mittels seiner Editorials aus der Literaturzeitschrift Pappelblatt, sowie durch Rezensionen, in denen die spirituelle Seite des Seins nicht zu kurz kommt. Und ebenso wenig die Kritik an den Immunisierungsstrategien des herrschenden Literaturapparats. Auf dass die Welt in der wir leben als eine schönere erblüht.